AF283853

# Impuesto sobre el valor añadido (IVA). ADGD0024

**Alicia Jiménez García**

ic editorial

**Impuesto sobre el valor añadido (IVA). ADGD0024**
© Alicia Jiménez García

1ª Edición

© IC Editorial, 2025

Editado por: IC Editorial
c/ Cueva de Viera, 2, Local 3
Centro Negocios CADI
29200 Antequera (Málaga)
Teléfono: 952 70 60 04
Fax: 952 84 55 03
Correo electrónico: iceditorial@iceditorial.com
Internet: www.iceditorial.com

ISBN: 978-84-1184-572-4
Depósito Legal: MA 112-2025

Impresión: PODiPrint
Impreso en Andalucía – España

Nota de la editorial: IC Editorial pertenece a Innovación y Cualificación S. L.

# Especialidad formativa

Se entiende por especialidad formativa la agrupación de contenidos, competencias profesionales y especificaciones técnicas que responde a un conjunto de actividades de trabajo enmarcadas en una fase del proceso de producción y con funciones afines.

Las especialidades formativas de Uso General, Formación Complementaria, Formación Modular y las especialidades formativas dirigidas a la obtención de certificados de profesionalidad se incluyen en el Fichero de Especialidades del Servicio Público de Empleo Estatal para su gestión en todo el territorio nacional por cualquier Administración competente.

Las especialidades complementarias, pertenecen todas a la Familia profesional de Formación Complementaria (FCO) y tienen la consideración de formación transversal en áreas que se consideran prioritarias tanto en el marco de la Estrategia Europea para el Empleo y del Sistema Nacional de Empleo como en las directrices establecidas por la Unión Europea. Se consideran áreas prioritarias las relativas a tecnologías de la información y la comunicación, la prevención de riesgos laborales, la sensibilización en medio ambiente, la promoción de la igualdad, la orientación profesional y aquellas otras que se establezcan por la Administración competente.

Las especialidades de Certificado de profesionalidad tienen una duración especificada en su normativa reguladora.

En el resultado de la búsqueda, se muestran las unidades de competencia, todos los módulos formativos con su duración y las unidades formativas del certificado correspondiente, con su duración. Las horas del certificado, exclusivo de las especialidades de certificado de profesionalidad, con alta igual o superior a 2008, son las horas totales más las horas del módulo de Prácticas Profesionales no Laborales.

- ⮞ **Si la especialidad tiene unidades formativas,** las horas totales, presencial, distancia, teleformación serán igual a la suma de esas horas de las unidades formativas de los distintos módulos, sin que se repita ninguna Unidad formativa.

➲ **Si la especialidad no tiene unidades formativas,** las horas totales, presencial, distancia, teleformación serán igual a las sumas de esas horas de los módulos formativos, eliminando las horas de los módulos repetidos.

https://sede.sepe.gob.es/especialidadesformativas/RXBuscadorEFRED/BusquedaEspecialidades.do

(Fuente: Servicio Público de Empleo Estatal)

# Índice

Unidad de aprendizaje 4
## Clasificación de las operaciones exteriores

# OBJETIVOS GENERALES

Los objetivos generales del **ADGD0024. Impuesto sobre el Valor Añadido (IVA)**, son los siguientes:

- Identificar las obligaciones de la empresa en relación al IVA.
- Distinguir los principales conceptos generales del Impuesto sobre el Valor Añadido para su correcta gestión.
- Analizar las características, los elementos y el procedimiento de liquidación del régimen general del IVA.
- Analizar los distintos regímenes especiales a los que se puede acoger el sujeto pasivo del IVA.
- Establecer las disposiciones legales del IVA que se aplican en el tratamiento de las operaciones exteriores.

# Identificación del ámbito material, subjetivo, temporal y territorial

## Contenido

## Objetivos

El objetivo general de esta Unidad de Aprendizaje es:

→ Distinguir los principales conceptos generales del Impuesto sobre el Valor Añadido para su correcta gestión.

Los objetivos específicos de esta Unidad de Aprendizaje son:

→ Analizar el ámbito material, subjetivo y territorial del IVA.

→ Diferenciar las operaciones que gozan de exención en el impuesto.

→ Identificar el tipo impositivo que corresponde en cada caso.

→ Definir el ámbito temporal en un supuesto dado.

# 1. Introducción

El Impuesto sobre el Valor Añadido (IVA) es un **tributo de naturaleza indirecta** que recae sobre el consumo y grava, en la forma y condiciones previstas en la Ley 37/1992, de 28 de diciembre (LIVA), todas las entregas de bienes y prestaciones de servicios que tienen lugar en las diferentes fases de la cadena de producción y/o comercialización. Así como determinadas adquisiciones intracomunitarias de bienes e importaciones.

A lo largo de la vida de este impuesto han sido diversas las directivas europeas que han influenciado en su desarrollo normativo y que con el objetivo de una armonización fiscal en este sentido, han ido moldeando el impuesto.

Los principales conceptos que están implicados en la gestión del Impuesto sobre el Valor Añadido se van a explicar de la mano de Pablo, trabajador de la empresa Jurales, al que le han asignado la nueva responsabilidad de tramitar este impuesto.

# 2. Sujeto pasivo, hecho imponible y devengo

☞ **HILO CONDUCTOR**

La empresa Jurales, dedicada a la comercialización de artículos de pesca, tiene dos tiendas en A Coruña. Con la disminución de la demanda, se ha visto obligada a cerrar una de ellas y a eliminar gastos, entre ellos los servicios del asesor fiscal. La empresa ha designado a Pablo como gestor de los impuestos. Como es una materia que no ha visto desde hace tiempo, va a requerir la ayuda del resto de compañeros para resolver las consultas que le surjan sobre los elementos principales y su gestión general.

En el concepto de sujeto pasivo se distingue entre la persona que realiza las operaciones sujetas, es decir, los **empresarios o profesionales** que realizan las entregas de bienes y prestaciones de servicios, y la persona obligada al pago del impuesto y cumplimiento de las obligaciones formales, que es el sujeto pasivo. Con carácter general, este **sujeto pasivo** coincide con la figura del empresario o profesional, excepto cuando se produce la **inversión del sujeto pasivo,** que recae sobre el destinatario de las operaciones.

Dependiendo de las operaciones realizadas, el **sujeto pasivo** se corresponde con las siguientes figuras:

- **Entregas de bienes y prestaciones de servicios.** Son sujetos pasivos:

  - Las personas físicas y jurídicas que sean empresarios o profesionales y que realicen operaciones sujetas al impuesto.
  - Los empresarios o profesionales por las operaciones sujetas al impuesto recogidas en el artículo 84.Uno 2° de la ley, tales como: las realizadas por entidades que no están en el territorio de aplicación del impuesto, entregas de oro, plata, platino y paladio, operaciones con materiales de recuperación, prestaciones de servicios relacionadas con los gases de efecto invernadero, la entrega de determinados bienes inmuebles, las ejecuciones de obras, etc.
  - Las personas jurídicas destinatarias de operaciones realizadas por empresarios o profesionales que no estén establecidos en el territorio de aplicación del impuesto, por las entregas subsiguientes a las adquisiciones intracomunitarias o por las prestaciones de servicios de los artículos 69 y 70 de la ley.
  - Los empresarios o profesionales y las personas jurídicas que no actúen como tales cuando sean destinatarios de entregas de gas y electricidad.

- **Adquisiciones intracomunitarias de bienes.** Se consideran sujetos pasivos las personas que realicen las adquisiciones intracomunitarias de bienes en el territorio de aplicación del impuesto según los preceptos del artículo 71 de la ley.
- **Importaciones.** Los sujetos pasivos en estas operaciones son las personas que las realicen. Se consideran importadores: los destinatarios de los bienes importados, los viajeros en el caso de vehículos, los propietarios de los bienes en el resto de supuestos y los adquirentes, propietarios, arrendatarios o fletadores en las operaciones asimiladas a las importaciones.

## PARA SABER MÁS

La normativa que regula el IVA es la Ley 37/1992, de 28 de diciembre, del Impuesto sobre el Valor Añadido y su reglamento de desarrollo es el Real Decreto 1624/1992, de 29 de diciembre, por el que se aprueba el Reglamento del Impuesto sobre el Valor Añadido. Accede desde aquí para consultar estas normas:

*Continúa en página siguiente >>*

*<< Viene de página anterior*

Ley 37/1992, de 28 de diciembre

https://redirectoronline.com/adgd00240101

Real Decreto 1624/1992, de 29 de diciembre

https://redirectoronline.com/adgd00240102

---

Uno de los elementos de la gestión del impuesto es el hecho imponible. Este hace referencia a la situación jurídica o económica fijada por la ley con cuya realización se origina una obligación tributaria principal. Las operaciones que constituyen el **hecho imponible del IVA** y que, por tanto, están sujetas a él, son:

➲ Las entregas de bienes y prestaciones de servicios efectuadas por empresarios y profesionales en el desarrollo de su actividad a título oneroso, en el ámbito espacial del impuesto y de forma habitual u ocasional.
➲ Las adquisiciones intracomunitarias, a título oneroso, de:

  ↻ Bienes: realizadas por empresarios, profesionales o personas jurídicas que no actúen como tales cuando el transmitente sea un empresario o profesional.
  ↻ Medios de transporte nuevos: realizadas por las personas previstas en el art. 14. Uno y Dos de la ley o por personas que no son empresarios o profesionales, con independencia de la condición del transmitente.

⊃ Las importaciones de bienes con independencia de su destino y de la condición del importador.

Existen determinadas entregas de bienes, prestaciones de servicios y adquisiciones intracomunitarias que **no están sujetas al impuesto,** no tributando por él. Estas operaciones están recogidas en los arts. 7 y 14 de la LIVA.

 **EJEMPLO**

Una empresa valenciana dedicada a la venta de productos de la huerta vende unos frigoríficos usados a otra empresa.

La ley especifica que también tributarán las operaciones realizadas a título ocasional. En base a esto, a pesar de no ser la actividad habitual de la empresa, como se trata de una entrega de bienes llevada a cabo por un empresario dentro del ámbito espacial de aplicación, recibiendo una contraprestación a cambio, esta operación está sujeta al impuesto.

El impuesto **se devenga** según la operación gravada. Es por ello por lo que se diferencian distintos devengos en función de si se trata de:

**Entregas de bienes**
Cuando se pongan a disposición del adquirente los bienes o cuando se realicen las entregas según la norma que le sea de aplicación.

**Prestaciones de servicios**
Cuando se presten, ejecuten o efectúen las operaciones gravadas.

**Adquisiciones intracomunitarias de bienes**
Cuando se considere efectuada la entrega de bienes similares según lo recogido en la ley para este tipo de operación (art. 75 LIVA).

**Importaciones**
Cuando se hayan devengado los derechos de importación, con independencia de que las importaciones estén o no sujetas a ellos.

## IMPORTANTE

Además de estas operaciones, la LIVA recoge el momento en el que se devengan las ejecuciones de obras para las AA. PP., las transmisiones de bienes en los contratos de comisión de venta y de comisión de compra, el autoconsumo; los arrendamientos, suministros, etc. y las entregas de bienes a otro Estado miembro.

## ACTIVIDAD COMPLEMENTARIA

1. Indica cuándo se produce el devengo del impuesto en el siguiente supuesto: "Una cadena hotelera española adquiere una serie de electrodomésticos a otra empresa española, por un valor de 15.000 €. Los electrodomésticos son entregados el 1 de mayo, mientras que el pago es aplazado al 1 de agosto".

## 3. Base imponible, tipos impositivos y territorio de aplicación del impuesto

## HILO CONDUCTOR

En el último trimestre, la empresa ha realizado operaciones con clientes de Ibiza y de Tenerife. En la emisión de sus facturas, Pablo tiene dudas sobre si todas llevan IVA y el tipo de gravamen aplicable. Lo consulta con un gestor de la Agencia Tributaria y le explica el territorio de aplicación del IVA con carácter general, sin entrar en supuestos específicos, además, de los distintos tipos impositivos a los que tributa el impuesto. A Pablo le interesa conocer más sobre este tema, ya que su empresa trabaja a nivel nacional y europeo.

El **territorio de aplicación del IVA** español (TAI) es aquel en el que las operaciones objeto de este impuesto realizadas, están sujetas y han de tributar por él. En el territorio de aplicación se incluyen y excluyen las siguientes zonas:

| Incluye | Excluye |
|---|---|
| - Territorio peninsular español<br>- Islas Baleares | - Islas Canarias<br>- Ceuta<br>- Melilla |

El **ámbito espacial de aplicación** comprende las islas adyacentes, el mar territorial hasta el límite de las 12 millas náuticas y el espacio aéreo correspondiente a ese ámbito.

La **localización de la realización del hecho imponible** varía en función de que se trate de una entrega de bienes, de una prestación de servicios o de una operación intracomunitaria. Las normas de la LIVA por las que se rige esta localización están recogidas en los siguientes artículos:

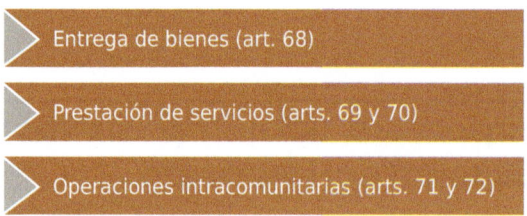

> Entrega de bienes (art. 68)

> Prestación de servicios (arts. 69 y 70)

> Operaciones intracomunitarias (arts. 71 y 72)

 **EJEMPLO**

A continuación se muestran varios ejemplos aclaratorios:

a. Una empresa española de elaboración de cosméticos vende una partida de productos a una cadena de supermercados españoles establecidos en diferentes provincias y otra partida a una cadena de supermercados alemanes para enviarla a los que tiene repartidos por toda la geografía española. En ambos casos, las entregas de los productos cosméticos se entienden efectuadas en el territorio de aplicación del IVA español (Art. 68.Uno LIVA).

b. Una asesoría fiscal con sede en Huelva presta servicios de asesoramiento a una empresa de Portugal. Esta prestación de servicios no se entenderá

*Continúa en página siguiente >>*

*<< Viene de página anterior*

realizada en el Territorio de aplicación del impuesto, sino en Portugal, por aplicación de las reglas generales del art. 69.Uno 1º de la LIVA, por lo que la asesoría de Huelva facturará dichos servicios sin IVA.

c. Un abogado francés, con despachos domiciliados en París y Madrid, presta servicios de defensa jurídica a un particular de Madrid. Dicho servicio se entenderá prestado en territorio español siempre y cuando dicho servicio se haya llevado a cabo por el despacho domiciliado en Madrid (art. 69.Uno 2º LIVA).

 **PARA SABER MÁS**

La Agencia Tributaria pone a disposición del contribuyente una herramienta virtual de localización del IVA, tanto para las entregas de bienes como para la prestación de servicios. Para resolver tus dudas sobre dónde se localiza y tributa el IVA de una determinada operación, accede para consultarlo desde aquí:

https://redirectoronline.com/adgd00240103

Otros de los elementos del impuesto son los tipos impositivos o tipos de gravamen, porcentajes aplicables según los bienes o servicios de que se trate, es decir, si son de primera necesidad, si son de lujo, etc. En el IVA **existen tres tipos impositivos,** que son:

➲ **Super reducido.** Está regulado en el art. 91.Dos de la LIVA y su porcentaje es del 4 %. Se aplica a las entregas, adquisiciones intracomunitarias o importaciones de bienes tales como:

  ↻ Los artículos de primera necesidad como pan, huevos, leche, fruta, verdura, etc.

- Los libros, periódicos y revistas (incluye los servicios prestados por vía electrónica) que no contengan fundamentalmente publicidad y no consistan en vídeos o música audible.
- Los medicamentos para uso humano.
- Las prótesis, órtesis e implantes internos, adquisición de vehículos y sillas de ruedas, reparaciones de estos y adaptación de vehículos.
- Las viviendas de protección oficial de régimen especial o de promoción pública (adquisición o alquiler con opción de compra).
- Las compresas, tampones, protegeslips, preservativos y anticonceptivos no medicinales.
- Los servicios de teleasistencia, ayuda a domicilio, centro de día y de noche y atención residencial, prestados a personas en situación de dependencia en plazas concertadas en centros o residencias y que no estén exentos por el art. 20.Uno. 8° de la LIVA.

➲ **Reducido.** Está recogido en el art. 91.Uno de la LIVA y su tipo porcentual es del 10 %. Se aplica a:

- Las entregas de bienes tales como: productos para la nutrición humana o animal, salvo las bebidas alcohólicas, refrescantes, zumos y gaseosas con azucares; los animales, vegetales y demás productos utilizados para obtenerlos; las semillas, fertilizantes, herbicidas, plásticos para cultivos bajo invernadero, flores y plantas vivas de carácter ornamental, etc.; las aguas para consumo humano o animal o para el riego; los medicamentos de uso veterinario; los productos farmacéuticos, equipos médicos, aparatos y demás instrumental; y las viviendas, con un máximo de dos plazas de garaje.
- La prestación de servicios como: transportes de viajeros y sus equipajes; hostelería y similares; servicios accesorios de carácter agrícola, ganadero y forestal; limpieza de vías públicas, parques y jardines y servicios relacionados con residuos; exposiciones y ferias comerciales; espectáculos deportivos de carácter aficionado; reformas en viviendas; entradas de teatro, circo, cine, museo, conciertos, festejos taurinos, etc.; asistencia social no exenta; arrendamientos con opción de compra de viviendas; cesión de derechos de aprovechamiento por turno de edificios o inmuebles; servicios prestados por intérpretes, artistas, directores y técnicos a los productores de cine, teatro y musicales.
- Las adquisiciones intracomunitarias de los objetos de arte.
- Las importaciones de objetos de arte, antigüedades y objetos de colección.

➲ **General.** Está regulado en el art. 90 de la LIVA y su porcentaje es del 21 %. Su ámbito de aplicación no está definido de manera limitada, ya que engloba todas las operaciones gravables para las que no está previsto otro tipo distinto.

## NOTA

A las entregas de bienes en forma de donativos, realizadas a entidades sin fines lucrativos y que van destinadas a los fines de interés general que estas desarrollan, se les aplica el 0 % de IVA.

---

## TAREA 1

Cristina está estudiando para un examen de fiscal los tipos de gravamen que existen en el IVA. Para ello ha de resolver un ejercicio en el que se deben analizar unos supuestos para asignarles los tipos que le corresponden. Ayúdala indicando los tipos impositivos en cada caso.

- Las entregas de frutas naturales y de zumos azucarados envasados.
- Los servicios prestados por un abogado privado.
- La subscripción a un periódico digital.
- La entrega de medicamentos de uso humano y veterinario.
- Los servicios de un centro de día para un enfermo de párkinson.

---

La valoración económica del hecho imponible del impuesto es lo que se conoce como **base imponible,** regulada por el Título V de la LIVA. La base imponible se corresponde con el **importe de la contraprestación de la operación realizada.** Dependiendo del tipo de esta, la base imponible incluye:

◗ **Entregas de bienes, prestaciones de servicios y adquisiciones intracomunitarias de bienes**

  ◗ En general: "el importe total de la contraprestación de las operaciones sujetas al mismo procedente del destinatario o de terceras personas".
  ◗ En particular, puede estar compuesta por:

    ◌ Gastos accesorios (comisiones, transporte, seguros, etc.).
    ◌ Subvenciones vinculadas directamente al precio de las operaciones.
    ◌ Tributos y gravámenes de cualquier clase.
    ◌ Percepciones retenidas por quien realiza la prestación.

⇕ Importe de los envases y embalajes.
⇕ Deudas del destinatario relacionadas con las operaciones.

⇒ **Importaciones**

◑ Es el resultado de sumar al valor de aduana, los siguientes conceptos, siempre que no estén ya incluidos en dicho valor:

⇕ Impuestos, derechos, exacciones y resto de gravámenes devengados fuera del TAI.
⇕ Gastos accesorios (comisiones, embalaje, transporte y seguro) producidos hasta el primer lugar de destino de los bienes en la Comunidad.

La base imponible es la **cantidad sobre la que se aplica el tipo impositivo** del impuesto.

## CONSEJO

La determinación de la base imponible es importante en la correcta tributación del IVA, de ahí que sea aconsejable conocer tanto las reglas generales como las especiales recogidas en su normativa.

---

# 4. Exenciones

## ☞ HILO CONDUCTOR

Para la campaña de publicidad de los nuevos anzuelos, la empresa ha decidido regalar muestras a todos sus clientes mayoristas. Respecto a esta operación a Pablo le surge una duda sobre si las muestras gratuitas están exentas de tributación del IVA. Lo consulta con una amiga asesora fiscal y le resuelve la duda sin problema.

---

Las **operaciones exentas** son aquellas en las que, aun dándose el hecho imponible del impuesto, la ley establece expresamente que no deben someterse al gravamen del mismo. Se puede diferenciar dos clases de exenciones:

| | |
|---|---|
| **Plenas** | Al empresario o profesional que realiza la entrega o presta el servicio y que no repercute el impuesto, se le permite deducir el IVA soportado en las adquisiciones relacionadas con la operación exenta, siempre que reúna todos los requisitos para la deducción. Son exenciones plenas las operaciones intracomunitarias y las operaciones de comercio exterior. |
| **Limitadas** | Se establece la exención de la entrega del bien o de la prestación del servicio, pero no se le permite deducir el IVA soportado al empresario o profesional por las adquisiciones relacionadas con la operación exenta. |

## NOTA

El Título II de la Ley 37/1992 regula los supuestos de exención agrupándolos según se traten de entregas de bienes y prestaciones de servicios, adquisiciones intracomunitarias de bienes o importaciones de bienes.

Entre las exenciones que se regulan en la LIVA están las referidas a las **operaciones interiores,** consideradas exenciones limitadas. Entre ellas están:

- Servicios médicos y sanitarios como la hospitalización, la asistencia médica que consista en diagnóstico, prevención y tratamiento de enfermedades; etc.

- Servicios de carácter social como la asistencia a personas de la tercera edad y con discapacidad, acción social comunitaria y familiar, cesiones de personal por entidades religiosas para prestar estos servicios, etc.

*Continúa en página siguiente >>*

<< Viene de página anterior

En materia educativa: educación de la infancia y la juventud, enseñanza escolar, universitaria y de postgraduados, enseñanza de idiomas, formación y reciclaje profesional, etc.

Servicios deportivos prestados a personas físicas por federaciones, COE, entidades públicas, etc., servicios culturales prestados por entidades públicas o privadas de carácter social (bibliotecas, visitas a museos, representaciones teatrales, exposiciones, etc.) .

Otras exenciones como determinadas operaciones financieras, de seguro e inmobiliarias, las loterías, apuestas y juegos de la SELAE, ONCE y organismos autonómicos, etc.

## IMPORTANTE

En relación con los supuestos de sujeción y exención del IVA, las operaciones pueden ser:

- No sujetas: no se da el hecho imponible y, por tanto, no tributan por el impuesto.
- Sujetas y no exentas: se da el hecho imponible y existe obligación de tributar por el impuesto.
- Sujetas y exentas: se da el hecho imponible pero no tributan por el impuesto.

# 5. Resumen

El Impuesto sobre el Valor Añadido (IVA) es un **impuesto indirecto** regulado por la Ley 37/1992, de 28 de diciembre y por el Real Decreto 1624/1992, de 29 de diciembre. Recae sobre las **entregas de bienes y prestaciones de servicios, las adquisiciones intracomunitarias de bienes y las importaciones.** Sus elementos tales como sujeto pasivo, hecho imponible y devengo, dependen de la operación de la que se trate.

Un elemento importante del IVA es el **territorio de aplicación del impuesto (TAI)** que está delimitado por la península y las Islas Baleares, excluyendo las Islas Canarias, Ceuta y Melilla. Junto a este hay que tener en cuenta el ámbito espacial de aplicación, bien diferenciado en la ley.

Las reglas para la localización de la realización del hecho imponible dependen de si se trata de una entrega de bienes, de una prestación de servicios o de operaciones intracomunitarias.

El IVA está gravado por tres **tipos impositivos,** que son:

| Super reducido | 4 % |
| Reducido | 10 % |
| General | 21 % |

La cuantificación del hecho imponible es lo que se conoce como base imponible, la cual se corresponde con la contraprestación de la operación realizada. Es a este importe al que se le aplica el tipo impositivo para obtener el impuesto. Según el tipo de operación, la **base imponible** estará formada por distintos elementos.

Existen determinadas operaciones que, aun produciéndose el hecho imponible, no están sometidas al gravamen del IVA. Son las **operaciones exentas o exenciones,** en las que se diferencian dos clases: plenas y limitadas. La ley regula un conjunto de exenciones muy amplio en su Título II, entre las que se encuentran las referidas a las operaciones interiores.

# Ejercicios de autoevaluación
# Unidad de Aprendizaje 1

**1. ¿Cuáles normas regulan el Impuesto sobre el Valor Añadido?**

    a. Ley Orgánica 3/2018, de 5 de diciembre
    b. Real Decreto 1624/1992, de 29 de diciembre
    c. Ley 58/2003, de 17 de diciembre
    d. Ley 37/1992, de 28 de diciembre

**2. La situación jurídica o económica fijada por la ley con cuya realización se origina una obligación tributaria es:**

    a. El hecho imponible
    b. El devengo
    c. El sujeto pasivo
    d. El territorio de aplicación del impuesto

**3. ¿Cuáles son los tipos de gravamen del IVA?**

    a. 4 %
    b. 18 %
    c. 21 %
    d. 10 %

**4. ¿Qué significa TAI?**

    a. Tasa anual del impuesto
    b. Tiempo de aplicación del IVA
    c. Territorio de aplicación del impuesto
    d. Tasa impositiva

**5. Indica si la siguiente afirmación es verdadera o falsa: "Los servicios de hospitalización no están exentos de IVA".**

    ■ Verdadero
    ■ Falso

# Análisis del Régimen General del IVA

## Contenido

## Objetivos

El objetivo general de esta Unidad de Aprendizaje es:

→ Analizar las características, los elementos y el procedimiento de liquidación del régimen general del IVA.

Los objetivos específicos de esta Unidad de Aprendizaje son:

→ Describir las obligaciones formales que deben cumplir los sujetos pasivos del impuesto.

→ Explicar la repercusión del IVA en las operaciones sujetas y no exentas.

→ Valorar las normas que rigen la deducibilidad del IVA.

→ Identificar el porcentaje de prorrata especial en un supuesto dado.

→ Calcular el resultado de la liquidación de IVA.

→ Dominar la liquidación del IVA en el régimen general.

→ Describir las características de la rectificación de cuotas devengadas y deducidas.

→ Definir el tratamiento del IVA en los supuestos de impago de clientes.

# 1. Introducción

Los sujetos pasivos del IVA son meros recaudadores provisionales del impuesto que se devenga o soporta en las operaciones sujetas al mismo y que van desde las ventas y prestaciones de servicios hasta las compras e importaciones de bienes. Son diversos los regímenes de liquidación del IVA, predominando la aplicación del régimen general. El sujeto pasivo opta por este régimen cuando no puede aplicarse ninguno de los regímenes especiales del impuesto o en el caso de renuncia o exclusión del régimen simplificado o del régimen especial de la agricultura, ganadería y pesca (REAGP).

Para conocer todo lo necesario sobre el régimen general del IVA, Pablo, el trabajador de la empresa Jurales, que gestiona los tributos, va a ir guiándonos por las distintas casuísticas que le suceden y que están relacionadas con el IVA.

# 2. Obligaciones formales

## ☞ HILO CONDUCTOR

Pablo ha concertado una cita con el antiguo asesor de la empresa para que le proporcione los datos y la documentación que tenía sobre los impuestos que les gestionaba. Aprovechando la visita, el asesor le ha puesto al día en cuanto a las obligaciones formales que debe cumplir la empresa en relación con el IVA, para no incurrir en infracciones.

El obligado a tributar por el impuesto sobre el valor añadido debe llevar a cabo determinadas tareas impuestas por la normativa tributaria sobre aspectos formales propios del procedimiento de aplicación del impuesto. Las **obligaciones formales de los sujetos pasivos del régimen general del IVA** son censales, de facturación y de los libros registro. Además, el cumplimiento de las **obligaciones contables** debe permitir conocer con exactitud los datos de IVA.

Las características de las **obligaciones censales** del impuesto son:

➲ **Obligados a su presentación**

- Las personas o entidades que se consideren empresarios o profesionales y estén establecidos en el TAI.
- Las personas o entidades que sean sujetos pasivos del impuesto, aunque no estén establecidos en el TAI.
- Las personas jurídicas que no sean empresarios o profesionales y realicen adquisiciones intracomunitarias de bienes sujetas a IVA.

- **Modelo.** En la Orden EHA/1274/2007, de 26 de abril, se regula el Modelo 036 Declaración censal de alta, modificación y baja en el censo de empresarios, profesionales y retenedores.
- **Fines de las declaraciones**

  - Declaración de alta: entre otros, comunicar a la administración los datos de identificación, la existencia de facturas expedidas por el destinatario o por tercero, el régimen aplicable, elección de la regla de prorrata especial, del diferimiento del pago de las importaciones, la llevanza de los libros registros mediante el SII, etc.
  - Declaración de modificación: variación de datos, revocación, renuncia, cambio del período de liquidación, alta o baja en el registro de devolución mensual, optar o renunciar a la llevanza de los libros por el SII.
  - Declaración de baja: comunicar el cese de la actividad empresarial o profesional, o cuando ya no estén sujetas al IVA las adquisiciones intracomunitarias de bienes.

 **SABÍAS QUE...**

Los contribuyentes del IVA que cumplan, en cada caso, los requisitos establecidos por la ley pueden estar sujetos al régimen general, al simplificado o a alguno de los regímenes especiales existentes.

La **facturación y la conservación de las facturas** por parte de los empresarios y profesionales, por las entregas de bienes y prestaciones de servicios desarrolladas en su actividad empresarial, cuentan con las siguientes reglas:

**⮥ Existe obligación...**

- ... si el destinatario es la administración pública, un empresario, un profesional, una persona jurídica que no ejerza como tales o si así lo exige para ejercer un derecho tributario.
- ... por las entregas intracomunitarias y las exportaciones de bienes, exentas.
- ... por las ventas a distancia realizadas en el TAI.
- ... por las entregas de bienes que deban ser instalados antes de utilizarlos.

**⮥ No existe obligación...**

- ... por las operaciones exentas (art. 20 LIVA).
- ... por las operaciones de los sujetos pasivos que apliquen el régimen especial del recargo de equivalencia o el régimen simplificado en el que no se determinen sus cuotas por los ingresos.
- ... por las operaciones que autorice el Departamento de Gestión Tributaria de la AEAT.
- ... por las prestaciones de servicios del art. 20.Uno 16° y 18° de la LIVA.
- ... por las adquisiciones intracomunitarias ni por los casos de inversión del sujeto pasivo, de expedir autofactura.

El Reglamento de facturación regulado en el Real Decreto 1619/2012, de 30 de noviembre es la norma legal que incluye en su **Título I las obligaciones de documentación** de las operaciones a efectos del IVA.

 **PARA SABER MÁS**

Si deseas consultar el Reglamento de facturación regulado en el Real Decreto 1619/2012, de 30 de noviembre, puedes hacerlo accediendo desde aquí:

https://redirectoronline.com/adgd00240201

## IMPORTANTE

La norma de IVA permite la expedición de una sola factura por las operaciones realizadas a un mismo destinatario en fechas distintas dentro de un mismo mes natural (factura recapitulativa).

---

La llevanza de los **libros registro de IVA** es otra de las obligaciones que tienen los empresarios o profesionales sujetos pasivos de este impuesto. En general, los **libros registro obligatorios** son los de facturas expedidas, de facturas recibidas, de bienes de inversión y de determinadas operaciones intracomunitarias.

Las **normas** por las que se rigen los libros de registros de IVA son:

- Los empresarios o profesionales que utilizan medios informáticos y electrónicos para generar los libros registro deben conservar en soporte electrónico todo lo necesario para acceder a ellos durante el período de prescripción.
- Los sujetos pasivos que están obligados a presentar sus liquidaciones de IVA mensual han de llevar sus libros registro por la sede electrónica de la AEAT mediante el Sistema Inmediato de Información, SII (suministro electrónico de registros de facturación).
- Con carácter general, no están obligados a llevar libros registro los sujetos pasivos ocasionales por realizar entregas intracomunitarias de medios de transporte nuevos.
- Los libros deben permitir conocer el importe de IVA repercutido, IVA soportado y la situación de los bienes recogidos en el libro de operaciones intracomunitarias.
- Las anotaciones deben ser claras, exactas, estar por orden de fechas, sin espacios en blanco, interpolaciones, raspaduras ni tachaduras y expresadas en euros, los errores u omisiones se han de solucionar conforme se conozcan y las páginas han de estar numeradas de forma correlativa.
- Las normas de llevanza de los libros registro cuando se utiliza la sede electrónica son las recogidas en la Orden HFP/417/2017, de 12 de mayo.

## NOTA

La realización de operaciones a través de interfaces digitales o las propias de los proveedores de los servicios de pago cuentan con obligaciones registrales en el articulado de la LIVA.

------------------------------------

## PARA SABER MÁS

Los sujetos pasivos que tienen un período de liquidación de IVA mensual, es decir, los inscritos en el Registro de Devolución Mensual (REDEME), las grandes empresas (facturación superior a 6.010.121,04 €) y los grupos de IVA, utilizan el sistema Suministro Inmediato de Información. Para conocer algo más sobre este sistema, accede desde aquí:

https://redirectoronline.com/adgd00240202

------------------------------------

# 3. Repercusión del impuesto

## HILO CONDUCTOR

A lo largo del mes, la empresa Jurales ha realizado varias operaciones de venta de diversos artículos de pesca. Al realizar la facturación, Pablo ha tenido que añadir al precio de estos artículos el IVA correspondiente, aplicándole el tipo impositivo que le pertenece. Estas operaciones quedan gravadas mediante la repercusión del impuesto.

------------------------------------

En las entregas de bienes y prestaciones de servicios sujetas y no exentas, el sujeto pasivo tiene la **obligación de repercutir el importe del impuesto en el destinatario** de dichas operaciones, siempre conforme a las reglas establecidas para ello en las normas legales (art. 88 LIVA y art. 25 RIVA) y el destinatario está obligado a soportarlo. Al IVA que se repercute también se le denomina **IVA devengado.**

*Cuando el sujeto pasivo del IVA repercute el impuesto en las operaciones gravadas, el destinatario es quien lo asume.*

 **NOTA**

Cuando el sujeto pasivo del impuesto presente propuestas económicas a la administración pública debe incluir en el total el importe del IVA que le corresponda, sin embargo, los documentos de cobro han de especificar por separado el importe del IVA repercutido y la base imponible.

Para repercutir correctamente el impuesto al destinatario, el sujeto pasivo de las operaciones tiene que obedecer las siguientes **reglas:**

- ⮞ Se ha de expedir una factura en la que aparezcan, de forma separada, la base imponible y la cuota repercutida.
- ⮞ Se debe repercutir cuando se expide y entrega la factura correspondiente, ya que, pasado un año del devengo, se pierde el derecho a la repercusión.

◗ El destinatario de la operación no tiene por qué soportar la repercusión del impuesto antes de su devengo ni tampoco cuando este no se haya realizado según las normas legales.

◗ Los conflictos que la repercusión del impuesto ocasione, tanto por su procedencia como por su cuantía, se consideran de carácter tributario a efectos de la reclamación oportuna.

### ◁◎▷ EJEMPLO

Una empresa dedicada a la fabricación y venta de artículos de barro vende a un empresario 500 unidades, al precio de 10 € la unidad. El tipo impositivo del IVA aplicable a estos productos es del 21 %.

En la factura de este cliente el empresario repercute el IVA, haciendo constar por un lado la base imponible, y por otro, el importe del impuesto. Estos conceptos son:

- Base imponible (500 ud. x 10 € / ud.): 5.000 €
- IVA repercutido (5.000 x 21 %): 1.050 €
- Total factura: 6.050 €

## 4. Deducibilidad del IVA. Regla de la prorrata

### ☞ HILO CONDUCTOR

En ese mismo mes, la empresa ha realizado compras de artículos de distintos proveedores. Pablo ha verificado sus facturas y las ha contabilizado para posteriormente deducir ese gasto en la liquidación del IVA. Aunque estas facturas no le han dado problema, existen cuotas de IVA de otros gastos que no tiene claro si son o no deducibles.

La deducibilidad del IVA permite que los sujetos pasivos del impuesto puedan detraer de las cuotas repercutidas en sus operaciones aquellas que han soportado en sus adquisiciones de bienes y servicios o en sus importaciones.

Con carácter general, el IVA soportado es deducible, para lo que debe cumplir con estos tres **requisitos:**

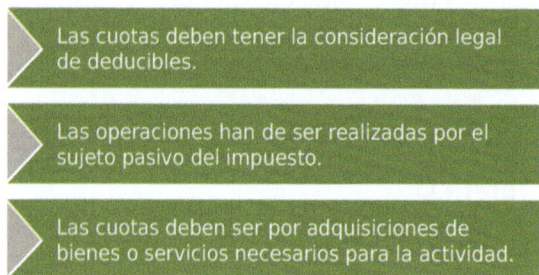

Las cuotas deben tener la consideración legal de deducibles.

Las operaciones han de ser realizadas por el sujeto pasivo del impuesto.

Las cuotas deben ser por adquisiciones de bienes o servicios necesarios para la actividad.

La gestión del IVA soportado está supeditada a un conjunto de normas recogidas en la LIVA:

**Sujetos pasivos con derecho a deducción:**

- Los que tengan la condición de empresarios o profesionales e inicien la realización habitual de entregas de bienes o prestaciones de servicios correspondientes a sus actividades.
- Los que realicen de forma esporádica las entregas de los medios de transporte nuevos.
- Las administraciones públicas que realicen conjuntamente operaciones sujetas al impuesto y no sujetas, por las adquisiciones de bienes y servicios destinadas a ambas operaciones a la vez.

**Cuotas legalmente deducibles:**

- Las cuotas devengadas por operaciones realizadas en el TAI, soportadas por repercusión directa.
- Las entregas de bienes y prestaciones de servicios realizadas por otro sujeto pasivo del IVA.
- Las importaciones de bienes.
- Autoconsumo interno.
- Determinadas operaciones en las que se produce la inversión del sujeto pasivo.
- Las adquisiciones intracomunitarias de bienes y sus operaciones asimiladas.

⊃ **Cuotas no deducibles:**

〇 Las cuotas soportadas en las adquisiciones o importaciones de bienes o servicios que no vayan a ser utilizadas en las actividades empresariales o profesionales.

〇 Las cuotas soportadas en la adquisición, importación, arrendamiento o cesión de uso, de los bienes de inversión que se empleen total o parcialmente en el desarrollo de la actividad empresarial o profesional.

〇 Las cuotas soportadas en la adquisición, autoconsumo, importación, arrendamiento, reparación o utilización de bienes (joyas, alimentos, bebidas y tabaco) y de servicios como los espectáculos, los de entretenimiento, los de atención al cliente, trabajadores o terceros, y los de desplazamiento, hostelería y restauración que no sean gastos deducibles en el IRPF o en el impuesto sobre sociedades.

⊃ **Requisitos formales:**

〇 Estar en posesión de los siguientes documentos, según el caso:

⇕ La factura original, en las entrega de bienes o prestaciones de servicios con carácter general.

⇕ El documento en que conste la liquidación practicada por la administración, en las importaciones.

⇕ La factura original o el justificante contable de la operación expedido por quien realice la entrega o el servicio al destinatario, en la inversión del sujeto pasivo.

⇕ El recibo original firmado por el titular de la explotación en el pago del recargo de compensación en el REAGP.

⇕ La factura original expedida por quien realice la entrega, en las adquisiciones intracomunitaria de bienes sujetas a IVA.

〇 Las cuotas no se pueden deducir por importes superiores a los legales.

## IMPORTANTE

Las cuotas soportadas pueden deducirse en el momento en que se devengan las cuotas deducibles y dichas deducciones pueden practicarse en la declaración-liquidación del período en el que se han soportado las cuotas deducibles, con un plazo máximo de cuatro años, contado a partir del nacimiento del derecho.

## 4.1. Regla de prorrata

Cuando un sujeto pasivo realiza de manera exclusiva operaciones que generan derecho a deducción, puede deducir la totalidad del impuesto soportado. Sin embargo, cuando realiza **operaciones por las que puede generar y no generar el derecho a la deducción,** las cuotas soportadas solo pueden deducirse en una determinada proporción. En este caso, es cuando hay que calcular y aplicar la **regla de prorrata.**

En el caso de que la entidad en régimen de prorrata adquiera **bienes de inversión,** debe regularizar las cuotas deducidas en el año de la adquisición y durante los cuatro años naturales siguientes o nueve años si se trata de bienes inmuebles o terrenos.

 **PARA SABER MÁS**

La Sede Electrónica de la Agencia Tributaria pone a disposición de los sujetos pasivos del IVA una calculadora para realizar los cálculos relativos a la prorrata y sus regularizaciones. Accede desde aquí para conocerla:

https://redirectoronline.com/adgd00240203

La regla de prorrata cuenta con **dos modalidades,** cuyos procedimientos de cálculo son:

➲ **Prorrata general.** El sujeto pasivo puede deducir un porcentaje de las cuotas soportadas, tomando en consideración, para su cálculo, todas las operaciones efectuadas, y prescindiendo de la afectación o utilización concreta de cada bien o servicio adquirido. El porcentaje se obtiene aplicando la siguiente fórmula:

> Fórmula
>
> % deducción = (operaciones con derecho a deducción / total operaciones) x 100

El primer año de actividad el sujeto pasivo informa del porcentaje de deducción a la administración, la cual informa sobre su conformidad o no con el mismo. Finalizado cada año, se procede a la regularización de dicho porcentaje.

➲ **Prorrata especial.** Las cuotas soportadas en la adquisición o importación de bienes y servicios utilizados exclusivamente en operaciones que dan derecho a deducir, pueden deducirse íntegramente. Por el contrario, no pueden ser objeto de deducción las cuotas soportadas en la adquisición e importación de bienes y servicios utilizados en operaciones que no dan derecho a deducir. Se aplica la prorrata general cuando dichos bienes y servicios se utilicen indistintamente para la realización de ambas operaciones.

La prorrata especial se aplica cuando:

◑ El sujeto pasivo opte por su aplicación, en los plazos y formas previstos en la LIVA.

◑ El montante total de las cuotas deducibles en un año natural por aplicación de la prorrata general exceda en un 10 % del que resultaría por aplicación de la prorrata especial.

## EJEMPLO

### a. Prorrata general

Un empresario desarrolla dos actividades profesionales, cuyos datos son:

|  | Base imponible | IVA |
| --- | --- | --- |
| **Ingresos** | | |
| Actividad A (exenta) | 40.000 | |
| Actividad B | 21.000 | 4.410,00 |

*Continúa en página siguiente >>*

*<< Viene de página anterior*

| Gastos | | |
| --- | --- | --- |
| Gastos explotación | 11.350 | 2.383,50 |

El empresario tiene que determinar qué porcentaje del IVA soportado por los gastos de la explotación puede deducirse en proporción a la actividad que está sujeta al impuesto (Actividad B) frente a la que está exenta (Actividad A).

> Fórmula
>
> % deducción = (21.000 / 21.000 + 40.000) x 100 = 34,42 %

El porcentaje resultante se redondea a la unidad superior siguiente: 34,42 % → 35 %.

La liquidación del impuesto es:

- IVA repercutido:  4.410,00 €
- IVA soportado: 2.383,50 × 35 % = 834,23 €
- Diferencia a pagar: 3.575,78 €

## b. Prorrata especial

Un empresario desarrolla dos actividades profesionales y decide aplicar la regla prorrata especial para los siguientes datos:

| | Base imponible | IVA |
| --- | --- | --- |
| **Ingresos** | | |
| Actividad A | 110.000 | 23.100 |
| Actividad B (exenta) | 70.000 | |
| **Gastos** | | |
| Actividad A | 12.000 | 2.520 |

*Continúa en página siguiente >>*

*<< Viene de página anterior*

|  | Base imponible | IVA |
|---|---|---|
| Actividad B (exenta) | 9.800 |  |
| Comunes | 4.300 | 903 |

El cálculo de la proporción que guardan las operaciones de la Actividad A (sujeta), con respecto al total de las operaciones realizadas es:

> Fórmula
> % deducción = (110.000 / 110.000 + 70.000) x 100 = 61,11 %

Aplicándose el porcentaje de prorrata se obtiene: 903 x 62 % = 559,86 €

Liquidación:

- IVA repercutido: 23.100,00 €
- IVA deducible (2.520,00 + 559,86) = 3.079,86 €
- Diferencia a pagar: 20.020,14 €

## APLICACIÓN PRÁCTICA

**Mariana desarrolla dos actividades profesionales cuyos ingresos y gastos son los que se muestran en la tabla. Si aplica la prorrata especial, ¿qué porcentaje de deducción obtiene?**

|  | Base imponible | IVA |
|---|---|---|
| **Ingresos** |  |  |
| **Actividad A (exenta)** | **79.500** |  |
| **Actividad B** | **125.000** | **26.250** |

*Continúa en página siguiente >>*

<< Viene de página anterior

|  | Base imponible | IVA |
|---|---|---|
| Actividad C | 88.000 | 18.480 |
| Gastos | | |
| Actividad A (exenta) | 22.000 | |
| Actividad B | 69.800 | 14.658 |
| Actividad C | 47.000 | 9.870 |
| Comunes | 11.200 | 2.352 |

**Solución**

El porcentaje de deducción que se puede aplicar María es 73 %. En su cálculo se aplica la fórmula de la prorrata especial, tal y como se muestra:

---

Fórmula

% deducción = (operaciones con derecho a deducción / total operaciones) x 100 = (213.000 / 292.500) x 100 = 72,82 %

% deducción = 73 %

---

# 5. Liquidación y declaración del IVA

## 👉 HILO CONDUCTOR

Pablo para liquidar el IVA del mes ha tenido en cuenta tanto las cuotas devengadas en las operaciones de venta como las soportadas deducibles de sus operaciones de compra. Echándole un vistazo a los números, ve que la liquidación va a ser a favor de la empresa, por lo que tiene que consultar con el departamento financiero cuál es la mejor opción, si solicitar la devolución o compensar el importe en autoliquidaciones posteriores.

Los sujetos pasivos del IVA liquidan el impuesto para **conocer la deuda tributaria o el importe de la devolución/compensación** que les corresponde, mediante la diferencia entre las cuotas repercutidas y las soportadas deducibles. El resultado en la liquidación del impuesto implica para el sujeto pasivo distintas obligaciones. Así, cuando:

> **Cuotas repercutidas > Cuotas soportadas**
> El exceso se declara en la administración con la autoliquidación correspondiente

> **Cuotas repercutidas < Cuotas soportadas**
> Se puede solicitar la devolución del importe resultante o compensarlo con autoliquidaciones posteriores

La liquidación del impuesto en las **importaciones de bienes** se realiza bajo las normas de la legislación aduanera o del art. 167 bis de la LIVA y art. 73 del RIVA. Su recaudación se trata en el art. 74 de dicho reglamento.

## EJEMPLO

En el primer trimestre del año, una empresa distribuidora adquiere a su proveedor principal una remesa de artículos por importe de 31.650 €. En ese mismo trimestre, la empresa factura a sus clientes ventas por valor de 34.080 €. El tipo impositivo aplicable a estas operaciones es del 21 %. La liquidación de IVA del trimestre se calcula por la diferencia entre el IVA repercutido a los clientes (IVA devengado) y el IVA soportado en las compras (IVA deducible).

- IVA repercutido: 34.080 x 21 % = 7.156,80 €
- IVA soportado: 31.650 x 21 % = 6.646,50 €
- Liquidación IVA = 7.156,80 - 6.646,50 = 510,30 €

La empresa debe ingresar la cantidad de 510,30 € a la Agencia Tributaria en su autoliquidación trimestral.

Con carácter general, en la declaración del IVA los sujetos pasivos presentan sus **autoliquidaciones** coincidiendo con el **trimestre natural,** salvo los que tienen un volumen de operaciones del año anterior superior a 6.010.121,04 €, los incluidos en el registro de devolución mensual y los del régimen especial del grupo de entidades, que lo hacen **mensual-mente.** Los sujetos pasivos que solo realicen operaciones interiores y adquisiciones intracomunitarias, ambas exentas, no están obligados a realizar autoliquidaciones.

La **presentación de las autoliquidaciones** ante la Agencia Tributaria se caracteriza por:

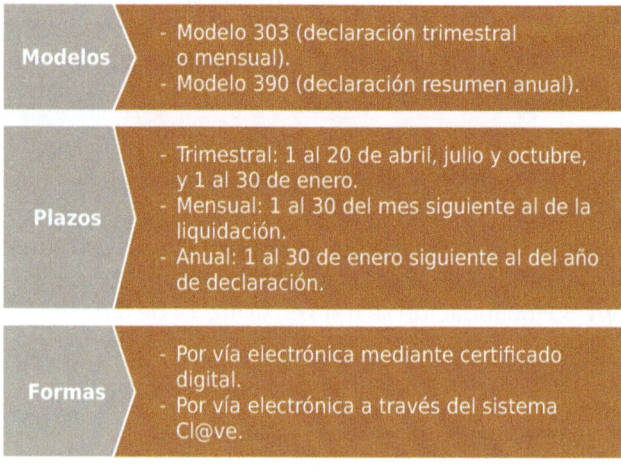

| Modelos | - Modelo 303 (declaración trimestral o mensual).<br>- Modelo 390 (declaración resumen anual). |
|---|---|
| Plazos | - Trimestral: 1 al 20 de abril, julio y octubre, y 1 al 30 de enero.<br>- Mensual: 1 al 30 del mes siguiente al de la liquidación.<br>- Anual: 1 al 30 de enero siguiente al del año de declaración. |
| Formas | - Por vía electrónica mediante certificado digital.<br>- Por vía electrónica a través del sistema Cl@ve. |

## PARA SABER MÁS

La Agencia Tributaria tiene un servicio en su sede electrónica que presta ayuda en la cumplimentación automática del modelo 303. Accede desde aquí para visualizarlo:

https://redirectoronline.com/adgd00240404

El sujeto pasivo tiene derecho a practicar una **compensación por el importe excedido** cuando la cuantía de sus deducciones es superior a la de sus cuotas devengadas. Esta se realiza mediante autoliquidaciones en los **cuatro años siguientes al de la liquidación** de IVA que originó el derecho.

Otra posibilidad de recuperar el importe excedido es solicitando la **devolución del importe a su favor** existente a 31 de diciembre de cada año. Se realiza en la autoliquidación del último período de liquidación del año o mediante la devolución mensual, coincidiendo el período de liquidación con el mes. Para aplicar la devolución mensual, el sujeto pasivo ha de estar inscrito en el **registro de devolución mensual,** lo cual se produce si cumple los siguientes **requisitos:**

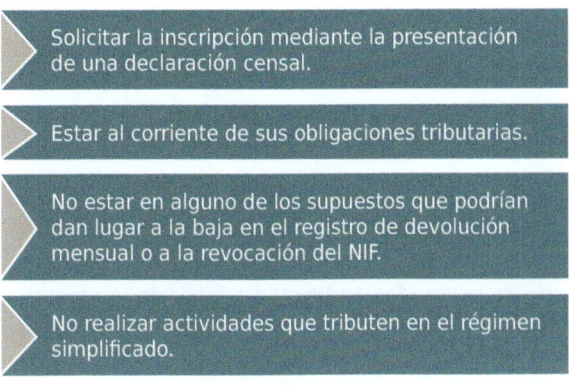

Solicitar la inscripción mediante la presentación de una declaración censal.

Estar al corriente de sus obligaciones tributarias.

No estar en alguno de los supuestos que podrían dan lugar a la baja en el registro de devolución mensual o a la revocación del NIF.

No realizar actividades que tributen en el régimen simplificado.

 **EJEMPLO**

La empresa Madesur desarrolla las siguientes actividades durante el tercer trimestre del año, al tipo impositivo general.

a. Adquiere materias primas por un valor de 350.000 €.
b. Las ventas del trimestre asciende a 78.000 €.
c. Gastos de teléfono, asesoría, etc., por valor de 1.100 €.

*Continúa en página siguiente >>*

*<< Viene de página anterior*

La liquidación del IVA se calcula como sigue:

**IVA Devengado**

|  | Base imponible | IVA |
|---|---|---|
| Apartado b) | 78.000 | 16.380 |
| Total IVA Devengado |  | 16.380 |

**IVA Soportado**

|  | Base imponible | IVA |
|---|---|---|
| Apartado a) | 350.000 | 73.500 |
| Apartado c) | 1.100 | 231 |
| Total IVA Soportado |  | 73.731 |
| Liquidación |  | -57.351 |

El resultado de la liquidación ha sido a favor de la empresa y las opciones que tiene son:

- Ir compensando en cada autoliquidación dicho saldo a su favor.
- Solicitar la devolución del saldo deudor existente en la última autoliquidación del año, cuyo plazo es del 1 al 30 de enero.
- Solicitar la inscripción en el registro mensual de devolución, dentro del plazo de presentación de la tercera autoliquidación del año, es decir, del 1 al 20 de octubre. A partir de dicho momento, la empresa está obligada a la presentación de la autoliquidación del IVA mensualmente, con independencia del volumen de operaciones.

## TAREA 2

Una empresa que tributa por el régimen general del IVA, realiza durante el segundo trimestre del año las siguientes operaciones:

*Continúa en página siguiente >>*

*<< Viene de página anterior*

|  | Abril (€) | Mayo (€) | Junio (€) |
|---|---|---|---|
| Adquisición de bienes al proveedor A | 1.000 | 2.000 | 1.400 |
| Entrega de bienes al cliente B | 600 | 1.600 | 800 |
| Prestación de servicios al cliente C | 450 | 400 | 500 |

En base a estos datos y sabiendo que la empresa tributa al tipo impositivo general del IVA, ¿cuál es el resultado de la liquidación y cómo se declara a la Agencia Tributaria?

## 6. Corrección y modificación de operaciones de IVA

☞ **HILO CONDUCTOR**

Un cliente de la empresa ha devuelto unos artículos que no había pedido. A Pablo le ha llegado la factura rectificativa que el departamento de facturación ha emitido para subsanar este error. Este hecho va a tener consecuencias para la liquidación del IVA, ya que debe rectificar esas cuotas repercutidas que no procedían.

En la operativa de la empresa se puede dar el caso en que haya que realizar una **modificación de las facturas emitidas a los clientes,** lo que tiene implicaciones en el IVA devengado. Por esta modificación, la empresa tiene que **emitir y enviar al cliente una factura rectificativa** conforme a las características y requisitos legales. El art. 89 de la LIVA recoge los supuestos de **rectificación de las cuotas repercutidas,** así como los supuestos en los que no procede tal rectificación. Estos son:

⮞ **Procede la rectificación**

    ◑ Cuando no se haya determinado el importe de la cuota de forma correcta.

↻ Si se dan las circunstancias para modificar la base imponible según el art. 80 de la LIVA:

   ↕ Devolución de envases y embalajes
   ↕ Descuentos y bonificaciones
   ↕ Devolución o pérdida de mercancías
   ↕ Impago por concurso de acreedores y otros créditos incobrables
   ↕ Modificación de precios

➲ **No procede la rectificación**

   ↻ Cuando la rectificación no se produce por algunas de las causas de modificación de la base imponible, conlleva un aumento de las cuotas repercutidas y los destinatarios no actúen como empresarios o profesionales.
   ↻ Cuando la AEAT descubra en las liquidaciones, cuotas impositivas devengadas y no repercutidas mayores que las declaradas por el sujeto pasivo y se acredite la participación de este en el fraude.

 **PARA SABER MÁS**

La sede electrónica de la Agencia Tributaria pone a disposición del contribuyente una herramienta de ayuda sobre la rectificación de cuotas repercutidas. Accede desde aquípara conocerla:

https://redirectoronline.com/adgd00240405

Las cuotas repercutidas se han de rectificar en el momento en el que se identifiquen las causas y como máximo a los **cuatros años** desde que se devengó el impuesto. El procedimiento de rectificación difiere de si es un aumento o una disminución de las cuotas. De esta forma:

| **Aumento** | Si la rectificación consiste en un aumento de las cuotas repercutidas el sujeto pasivo debe presentar: una autoliquidación en el período donde se efectúe la rectificación, cuando esta se produzca por algunas de las causas que modifican la base imponible; o una autoliquidación complementaria con aplicación del recargo e intereses de demora, cuando es por un error en el cálculo. |
|---|---|
| **Disminución** | Si la rectificación consiste en una disminución de las cuotas repercutidas, el sujeto pasivo puede iniciar ante la administración el procedimiento de rectificación de autoliquidaciones (art. 120.3 Ley 58/2003, 17 de diciembre) o regularizarlas bien en las declaraciones del período en que deba realizarse la rectificación, o bien en las posteriores hasta el plazo de un año. |

También puede ser que la empresa deba **rectificar el IVA soportado deducido** en sus declaraciones, si concurre alguna de estas dos circunstancias:

> Que haya recibido una factura rectificativa de un proveedor o acreedor al darse alguna de las causas por la que se emiten este tipo de facturas

> Que el importe de la deducción se haya calculado de forma incorrecta

Si la rectificación de las deducciones supone una **disminución en la cantidad ya deducida,** esta es obligatoria y se ha de realizar mediante una autoliquidación rectificativa aplicándose el recargo y los intereses de demora. Cuando la rectificación implique un **aumento de la cantidad ya deducida,** el sujeto pasivo puede rectificar la cuota mediante una autoliquidación en el período en el que se reciba la factura rectificativa o en las autoliquidaciones posteriores con el límite de los cuatro años siguientes (art. 114. Dos de la LIVA).

 **CONSEJO**

En los supuestos de rectificación de cuotas no solo se ha de tener en cuenta lo que estipule sobre ello la ley de IVA (Ley 37/1992, de 28 de diciembre), sino que

*Continúa en página siguiente >>*

*<< Viene de página anterior*

se recomienda simultanearlo con las normas de su reglamento (Real Decreto 1624/1992, de 29 de diciembre), concretamente su artículo 74 bis.

## 7. Recuperación del IVA devengado no cobrado

 **HILO CONDUCTOR**

El departamento financiero de la empresa Jurales está intentando cobrar la factura de su cliente Riopez desde hace ya varios meses, es por ello por lo que ya consideran este crédito como incobrable. Este departamento le envía un correo electrónico al departamento de facturación y a Pablo con todos los datos necesarios para que gestionen este impago.

Cuando los créditos de las operaciones en las que se repercute el IVA son total o parcialmente incobrables, el sujeto pasivo del impuesto puede **reducir su base imponible.** Un crédito se considera incobrable si cumple los siguientes **requisitos:**

- Haber pasado un año o 6 meses (si es una pyme) desde el devengo del impuesto repercutido, sin que se haya cobrado todo o parte del crédito

- Que este hecho haya quedado reflejado en los libros registro obligatorios del IVA

- Que el destinatario sea un empresario o profesional o que la base imponible sea superior a 50 €

- Que el sujeto pasivo haya intentado cobrar el crédito mediante reclamación judicial, requerimiento notarial o cualquier otro medio de reclamación de cobros

El plazo para reducir la base imponible es de **6 meses** desde la finalización del período de un año o 6 meses (pymes) sin que se haya cobrado el crédito. Con carácter general, el sujeto pasivo **está obligado a emitir y enviar**

**al cliente una factura rectificativa** con la modificación o eliminación de la cuota devengada, según se recoge en el art. 24 del RIVA.

## IMPORTANTE

La modificación de la base imponible del IVA devengado en los créditos impagados por los clientes no se puede realizar en los supuestos regulados en el art. 80. Cinco regla 1ª, 2º y 3ª de la Ley 37/1992.

- - - - - - - - - - - - - - - - - - - - - - - - - - - - - - - - - - - - - - - - -

# 8. Resumen

Las **obligaciones formales** del régimen general del IVA que deben cumplir los sujetos pasivos son: **censales,** en los que los obligados a la presentación del modelo 036 declaran determinados datos, pudiendo modificarlos o darlos de baja en sus respectivas declaraciones, de **facturación y conservación,** cumpliendo las reglas que regula el Real Decreto 1619/2012 sobre ello y los **libros registro de IVA,** en cuya gestión se han de cumplir una serie de normas siendo obligatorios los de facturas expedidas, de facturas recibidas, de bienes de inversión y de determinadas operaciones intracomunitarias.

El IVA se puede repercutir o soportar dependiendo de la operación realizada por el sujeto pasivo, los cuales han de seguir una serie de normas de cumplimiento:

> **IVA repercutido o devengado**
> - Recae sobre el destinatario de las entregas de bienes y prestaciones de servicios sujetas y no exentas.
> - En la factura debe aparecer de forma separada la base imponible y la cuota.
> - Se repercute cuando se emite y entrega la factura.
> - No se debe repercutir el impuesto antes de su devengo ni cuando se haya incumplido sus normas.
> - Los conflictos por la cuantía o procedencia de la repercusión se consideran tributarios a efectos de reclamación.

*Continúa en página siguiente >>*

*<< Viene de página anterior*

**IVA soportado**
- Es el que se aplica en las adquisiciones de bienes y servicios o en las importaciones.
- Para que sea deducible se debe considerar como tal por norma legal, las operaciones se deben realizar por el sujeto pasivo del impuesto y las cuotas deben ser por bienes o servicios necesarios para la actividad.
- En la LIVA se determina quiénes son sujetos pasivos con derecho a deducción, cuáles son las cuotas legalmente deducibles y cuáles no, y se detallan los requisitos formales y de tiempo que ha de cumplir.
- Cuando un mismo sujeto pasivo realiza operaciones que generan y no generan derecho a la deducción, las cuotas son deducibles en una proporción y se ha de aplicar la regla de prorrata, que cuenta con dos modalidades, general y especial.

Con la **liquidación del IVA** por la diferencia entre las cuotas repercutidas y las cuotas soportadas deducibles se da a conocer **la deuda tributaria o el importe de la devolución/compensación** que le corresponde a los sujetos pasivos. La declaración de ambos resultados se realiza como se indica a continuación:

**Cuotas repercutidas > cuotas soportadas**
- Este exceso se declara en la autoliquidación que con carácter general es trimestral, aunque también puede ser mensual cuando se trate de determinados sujetos pasivos.
- Los modelos a utilizar son modelo 303 (declaración trimestral o mensual) y modelo 390 (declaración resumen anual).
- Los plazos de presentación de los modelos son: trimestral, del 1 al 20 de abril, julio y octubre, 1 al 30 de enero, mensual, del 1 al 30 del mes siguiente al de la liquidación y anual, del 1 al 30 de enero.
- Las formas de presentación son por vía electrónica mediante certificado digital o sistema Cl@ve.

**Cuotas repercutidas < cuotas soportadas**
- Si se opta por la compensación del importe excedido, se realiza en las autoliquidaciones de los cuatro años siguientes al de la liquidación del IVA.
- Si se opta por la devolución del importe a favor, se puede declarar en la autoliquidación del último período de liquidación del año o mediante la devolución mensual, coincidiendo el período de liquidación con el mes. En este último caso, se requiere la inscripción en el registro de devolución mensual cumpliendo una serie de requisitos.

La modificación de las facturas emitidas a los clientes implica la **rectificación de las cuotas de IVA repercutido** y la obligación de emitir y enviar una factura rectificativa. Los casos en los que se puede y no se puede rectificar dichas cuotas están recogidos en el art. 89 de la LIVA. La rectificación se debe realizar en el momento en el que se conozca y en los cuatro años siguientes. Existen procedimientos de rectificación distintos cuando consista en un aumento o en una disminución.

La **rectificación del IVA soportado deducido** la puede realizar el sujeto pasivo si recibe una factura rectificativa de su proveedor o acreedor, o si las cuotas se han calculado de forma incorrecta. El art. 114. Dos de la LIVA desarrolla el procedimiento a seguir, si se produce una disminución o un aumento de la cuota deducida.

Cuando los **créditos** de las operaciones en las que se repercute el IVA son en todo o en parte **incobrables,** el sujeto pasivo puede reducir su base imponible en el plazo de 6 meses desde la finalización del período de un año o 6 meses (necesarios para que el crédito sea considerado incobrable) sin que se haya cobrado. El sujeto pasivo está obligado a emitir y enviar una factura rectificativa con la modificación o eliminación de la cuota devengada.

# Ejercicios de autoevaluación
# Unidad de Aprendizaje 2

1. Determina si la siguiente afirmación es verdadera o falsa: "El sujeto pasivo cumple con las obligaciones censales del IVA mediante el modelo 303".

   ■ Verdadero
   ■ Falso

2. Al IVA que se repercute en las operaciones sujetas y no exentas, ¿cómo se le denomina también?

   a. Deducible
   b. Soportado
   c. Devengado
   d. Gravado

3. Indica si la siguiente afirmación es verdadera o falsa: "La regla de prorrata se aplica a los sujetos pasivos que solo realizan operaciones que generan derecho a la deducción del IVA".

   ■ Verdadero
   ■ Falso

4. Cuando las cuotas de IVA repercutidas en sus operaciones son menores que las soportadas, ¿qué puede hacer el sujeto pasivo?

   Señala las opciones correctas:

   a. Liquidar el exceso de IVA con la presentación de una autoliquidación.
   b. Solicitar la devolución del importe resultante.
   c. Compensar el importe resultante con autoliquidaciones posteriores.
   d. Abonar a la administración tributaria el importe resultante de la liquidación.

5. Indica si la siguiente afirmación es verdadera o falsa: "En el caso de que la base imponible del IVA se modifique por la devolución de unos envases por parte de unos clientes, la cuota repercutida se puede rectificar".

- Verdadero
- Falso

# Identificación de los Regímenes Especiales (RE) de IVA

## Contenido

## Objetivos

El objetivo general de esta Unidad de Aprendizaje es:

→ Analizar los distintos regímenes especiales a los que se puede acoger el sujeto pasivo del IVA.

Los objetivos específicos de esta Unidad de Aprendizaje son:

→ Definir los requisitos que deben cumplir los servicios accesorios para estar incluidos en el régimen especial de la agricultura, ganadería y pesca.

→ Describir las características principales del régimen especial del recargo de equivalencia.

→ Aplicar las reglas sobre la compensación que perciben los empresarios acogidos al régimen especial de la agricultura, ganadería y pesca, y obtener su importe.

→ Explicar las características del régimen simplificado.

→ Interpretar las normas por las que se rigen el régimen especial del criterio de caja.

# 1. Introducción

Dado lo complejo que resultaba liquidar el IVA siguiendo las instrucciones de aplicación de su régimen general, se pensó que la creación de un conjunto de regímenes especiales aplicables a operaciones concretas o con características peculiares serviría como forma de simplificar el cumplimiento de las obligaciones formales de los sujetos pasivos y evitaría los posibles casos de doble imposición que se pudieran dar.

Los distintos regímenes especiales en el Impuesto sobre el Valor Añadido están actualmente regulados en el título IX de la Ley 37/1992, de 28 de diciembre. El reglamento de dicha ley, Real Decreto 1624/1992 de 29 de diciembre, desarrolla, en su título VIII, las normas por las que se rige su contenido y las obligaciones formales de cada uno de los regímenes.

Para explicar las principales características de algunos de los regímenes especiales con los que cuenta el IVA, nos basaremos en la relación de Pablo con los clientes y proveedores de la empresa, así como con el Departamento de Facturación.

# 2. RE del recargo de equivalencia

### ☞ HILO CONDUCTOR

El Departamento de Facturación le consulta a Pablo una duda que tienen sobre un cliente que es minorista. Pablo le explica que la empresa, como proveedora, debe aplicarle en la factura el recargo de equivalencia junto con el IVA, diferenciando ambos importes.

Este régimen nace con la finalidad de liberar a los comerciantes minoristas de las obligaciones formales de gestión o liquidación del IVA. Es un régimen de carácter **obligatorio para los comerciantes minoristas** que sean personas físicas o entidades en régimen de atribución de rentas del IRPF y comercialicen al por menor productos no excluidos de este régimen.

Según el art. 149 de la LIVA, se considera **comerciante minorista** a aquel que lleva a cabo de forma habitual entregas de bienes muebles, no fabricados ni elaborados por él ni por terceros, y cuando la suma de las contraprestaciones por las entregas de bienes a otros empresarios o profesionales en el año anterior son inferiores al 20 % del total de las entregas.

 **EJEMPLO**

El volumen total de ingresos de un comerciante es de 74.000 €. De este importe, 11.300 € son por ingresos obtenidos por ventas a una cadena de restaurantes y el resto a consumidores finales. Como este importe supone un 15,27 % de los ingresos totales, el comerciante se considera minorista. Por el contrario, si la cantidad fuera de 29.000 €, como supone un 39,19 % de los ingresos totales, el comerciante no tendría la consideración de minorista y estaría obligado a tributar por el régimen general del IVA.

El **ámbito de aplicación** de este régimen especial afecta a las siguientes **operaciones:**

⮞ **Aplicación**

- ◊ Las entregas de bienes muebles realizadas por empresarios a comerciantes minoristas.
- ◊ Las adquisiciones intracomunitarias y las importaciones de bienes realizadas por los comerciantes minoristas.
- ◊ Las adquisiciones de bienes realizadas por minoristas a los que se les aplica la inversión del sujeto pasivo.

⮞ **No aplicación**

- ◊ Las entregas a comerciantes que no estén acogidos a este régimen especial.
- ◊ Las entregas realizadas por los sujetos pasivos del REAGP.
- ◊ Las entregas, adquisiciones intracomunitarias e importaciones de bienes que no van a ser comercializados por el adquirente.
- ◊ Las entregas, adquisiciones intracomunitarias e importaciones de productos a los que no se aplica este régimen especial.

La aplicación de este régimen se basa en la **repercusión de los proveedores a los comerciantes minoristas, del IVA y su correspondiente recargo de equivalencia** y, a su vez, los comerciantes minoristas repercuten el IVA, pero no el recargo, a los consumidores finales, sin realizar la liquidación del impuesto. La tributación del impuesto se efectúa mediante el recargo de equivalencia que los proveedores repercuten a los comerciantes minoristas e ingresan en la AEAT junto al IVA.

El recargo se determina aplicando a la base imponible, coincidente con la de IVA, el **porcentaje** según sea el tipo impositivo de IVA. La correspondencia entre ambos tipos impositivos es:

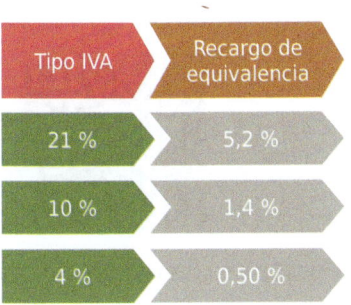

 **NOTA**

El recargo de equivalencia que le corresponden a las entregas de bienes que tributan por el Impuesto Especial sobre las labores del tabaco es el 1,75 %.

Las **obligaciones formales** de este régimen especial son:

- ➲ No existe obligación de emitir facturas por las ventas, salvo que el sujeto pasivo tribute en IRPF por estimación directa.
- ➲ Los sujetos pasivos deben acreditar ante sus proveedores si están o no acogidos a este régimen especial.
- ➲ No es obligatorio el registro contable en relación con el IVA.
- ➲ En las importaciones de bienes se han de presentar las declaraciones aduaneras.
- ➲ En las adquisiciones intracomunitarias y en las operaciones de inversión del sujeto pasivo, se tiene que liquidar el impuesto y el recargo (si corresponde) mediante el modelo 309.
- ➲ En las entregas de bienes sujetas y no exentas se ha de liquidar el IVA a través del modelo 309.

 **PARA SABER MÁS**

La Agencia Tributaria cuenta con un servicio en su página web que facilita a los contribuyentes conocer si la empresa minorista está acogida o no al régimen especial. Accede a este servicio desde aquí:

https://redirectoronline.com/adgd00240301

# 3. RE de la agricultura, ganadería y pesca

👉 **HILO CONDUCTOR**

La empresa Jurales ha captado un nuevo cliente cuyo volumen de facturación anual se prevé importante. Una de las principales diferencias que tiene con el resto de clientes de su cartera es que no está acogido al régimen especial de IVA de la agricultura, ganadería y pesca. Esta particularidad la debe tener en cuenta el departamento de facturación y Pablo a la hora de gestionar el impuesto.

El régimen especial de la agricultura, ganadería y pesca (REAGP) viene regulado en los arts. 124 a 134 bis de la LIVA. Con carácter general, **se aplica a los titulares de explotaciones agrícolas, ganaderas, forestales o pesqueras** que no hayan renunciado a él, así como, a los **servicios accesorios** prestados a terceros por dichos titulares. Más concretamente, las operaciones son:

⮑ **Se aplica a...**

- ↺ ... las actividades agrícolas en general.
- ↺ ... la silvicultura.

- ◑ ... la ganadería vinculada a la explotación del suelo.
- ◑ ... la explotación pesquera en agua dulce.
- ◑ ... los criaderos de moluscos y crustáceos.
- ◑ ... las piscifactorías.

⊃ **No se aplica a...**

- ◑ ... la transformación o elaboración de los productos naturales obtenidos en las explotaciones acogidas al régimen para su transmisión posterior.
- ◑ ... la venta de productos obtenidos en las explotaciones acogidas al régimen, mezclados con otros productos adquiridos.
- ◑ ... la venta continuada de productos naturales, en establecimientos externos a las explotaciones.
- ◑ ... la venta de productos naturales en establecimientos en los que el sujeto pasivo realice, además, otras actividades distintas.
- ◑ ... las explotaciones cinegéticas de carácter recreativo o deportivo.
- ◑ ... la pesca marítima.
- ◑ ... la ganadería independiente.
- ◑ ... las prestaciones de servicios accesorios no incluidos en el régimen.

## IMPORTANTE

No pueden aplicar este régimen especial las sociedades mercantiles, las cooperativas, las sociedades agrarias de transformación, las empresas o profesionales cuyo volumen de operaciones durante el año inmediato anterior es superior a 250.000 €, las empresas o profesionales que renuncien a la aplicación del régimen de estimación objetiva en IRPF por cualquiera de sus actividades económicas o a la aplicación del régimen simplificado y, las empresas o profesionales que hayan realizado en el año inmediato anterior adquisiciones o importaciones para sus actividades por un importe superior a 150.000 €.

## ACTIVIDAD COMPLEMENTARIA

2. Detalla los requisitos que deben cumplir los servicios para que se consideren accesorios y que, por tanto, puedan acogerse al REAGP. Pon tres ejemplos aclaratorios de estos servicios.

Las **características** de este régimen especial voluntario son:

- Las empresas acogidas no están obligadas a repercutir ni a liquidar e ingresar el IVA por las ventas de los productos naturales obtenidos en las explotaciones, así como por las entregas de bienes de inversión (no inmuebles) utilizados en la actividad.
- Las empresas acogidas sí están obligadas a satisfacer el IVA de las importaciones y adquisiciones intracomunitarias de bienes, y de las operaciones en las que se dé la inversión del sujeto pasivo.
- Como las empresas acogidas a este régimen no se pueden deducir las cuotas de IVA soportado de las adquisiciones de bienes o servicios empleados en la actividad, tienen derecho a percibir una compensación a tanto alzado por sus ventas por parte del cliente o de la Agencia Tributaria.
- La compensación se obtiene aplicando al precio de venta de los productos, los siguientes porcentajes según el tipo de explotación: 12 % para explotaciones agrícolas o forestales y 10,5 % para explotaciones ganaderas o pesqueras.
- El importe de la compensación se considera el IVA soportado deducible para el adquirente de los productos.
- Las obligaciones formales de las empresas que desarrollan su actividad en REAGP son: no hay obligación de emitir facturas por las ventas, pero sí de firmar un recibo acreditativo del pago de la compensación realizado por el cliente, la llevanza de un libro registro de las operaciones realizadas y la conservación durante 4 años de una copia del recibo acreditativo.

 **EJEMPLO**

Un agricultor acogido al REAGP realiza las siguientes entregas de su cosecha:

- Vende a una empresa italiana en el mes de septiembre una partida de tubérculos por valor de 5.000 €. Este caso se trata de una entrega intracomunitaria exenta de IVA. Por ello, el empresario agrario debe solicitar el reintegro de la compensación a la Agencia Tributaria, por importe de 5.000 x 12 % = 600 €, durante los veinte primeros días del mes de octubre mediante el Modelo 341.
- Vende una partida de uvas a un mayorista no acogido al REAGP, por importe de 3.800 €. El importe que recibe el agricultor por esta operación está compuesto por los 3.800 € más la compensación de 456 € (3.800 x 12 % = 456 €), lo cual hace un total de 4.256 €.
- Vende una partida de cereales por 8.000 € a un agricultor acogido al REAGP. En este caso, el agricultor que presta los servicios no repercute el IVA y tampoco recibe compensación alguna, por lo que percibe únicamente los 8.000 €.

La **renuncia** al REAGP se puede realizar de dos formas:

| Expresa | Mediante la presentación de una declaración censal de comienzo (modelo 036) o durante el mes de diciembre anterior al inicio del año natural en que deba surtir efecto. |
| --- | --- |
| Tácita | Cuando la autoliquidación del primer trimestre del año natural o, en caso de inicio, la primera autoliquidación tras el comienzo, se presente en plazo a través del modelo 303, pero aplicando el régimen general. |

La renuncia produce **efectos durante un período mínimo de tres años** y se entiende prorrogada tácitamente en los años siguientes, salvo que sea revocada en el mes de diciembre anterior al año natural en que deba surtir efecto.

## NOTA

La renuncia al régimen de la agricultura, ganadería y pesca determina la renuncia a la estimación objetiva de IRPF y la exclusión del régimen simplificado del IVA.

## TAREA 3

La piscifactoría Mar de Carmona está acogida al régimen especial de la agricultura, ganadería y pesca y, en el mes de febrero, realiza estas dos operaciones:

a. Una entrega de dorada y lubina a un mayorista que no está acogido al régimen especial, cuyo importe asciende a 34.000 €.
b. Una venta de trucha arcoíris a otra piscifactoría (acogida al régimen especial) para completar el pedido de un cliente al que no han podido hacer frente con su producción. El importe de la venta asciende a 12.500 €.

¿Le corresponde a la piscifactoría Mar de Carmona la compensación del REAGP? Razona tu respuesta y calcula el importe, si corresponde.

# 4. Otros regímenes especiales

☞ **HILO CONDUCTOR**

Además del régimen especial de la agricultura, ganadería y pesca, el IVA cuenta con otros regímenes especiales, a los que tanto clientes como proveedores pueden estar acogidos. No obstante, Pablo destaca el régimen simplificado y el del criterio de caja, por ser los más comunes en la práctica.

Los regímenes especiales del IVA que existen en el sistema tributario español cuentan con características diferenciadoras, relacionadas, en su mayoría, con la compatibilidad con otras operaciones del régimen general y con su aplicación. Además de los regímenes especiales vistos hasta el momento, existen algunos más, tales como:

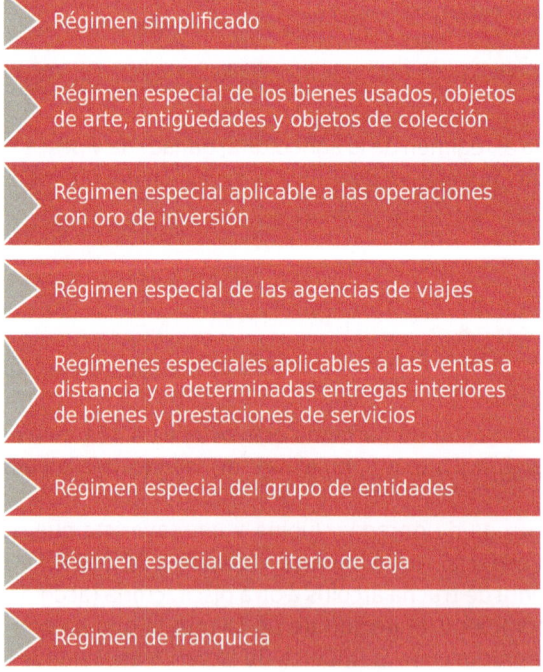

Régimen simplificado

Régimen especial de los bienes usados, objetos de arte, antigüedades y objetos de colección

Régimen especial aplicable a las operaciones con oro de inversión

Régimen especial de las agencias de viajes

Regímenes especiales aplicables a las ventas a distancia y a determinadas entregas interiores de bienes y prestaciones de servicios

Régimen especial del grupo de entidades

Régimen especial del criterio de caja

Régimen de franquicia

Aunque la mayor parte de ellos **tienen carácter voluntario,** el régimen especial de las operaciones con oro de inversión, el de las agencias de viajes y el del recargo de equivalencia son obligatorios.

A continuación, se van a desarrollar el régimen simplificado y el régimen especial del criterio de caja por ser dos de los más usados.

## 4.1. Régimen simplificado

Este régimen especial del IVA se aplica a las **actividades recogidas en la Orden Ministerial,** publicada anualmente, que lo regula. Los empresarios o profesionales que desarrollan estas actividades tienen que reunir los siguientes **requisitos:**

- ⮥ **Forma jurídica.** Ser persona física o entidad en régimen de atribución de rentas en el IRPF.
- ⮥ **Actividades.** Realizar alguna de las actividades que se incluyen en la Orden Ministerial reguladora del régimen y que las mismas no superen los límites establecidos.
  No realizar actividades que tributen por el método de estimación directa del IRPF o por alguno de los regímenes del IVA que sean incompatibles con este régimen simplificado (son todos menos el REAGP y el del recargo de equivalencia).
- ⮥ **Volumen de ingresos y operaciones.** El volumen de ingresos del año anterior no puede superar cualquiera de los siguientes importes: 250.000 € para el conjunto de actividades, salvo las agrícolas, forestales y ganaderas (se computan la totalidad de las operaciones), 250.000 € para el conjunto de actividades agrícolas, forestales y ganaderas (solo se computan las operaciones que hayan que registrarse en los libros registro).
  El volumen de adquisiciones e importaciones de bienes y servicios de todas las actividades desarrolladas no puede ser superior a 250.000 €, sin tener en cuenta el IVA.
- ⮥ **Renuncia.** No haber renunciado a la aplicación de este régimen simplificado.
  No haber renunciado ni estar excluido del método de estimación objetiva del IRPF.

 **IMPORTANTE**

Quienes estén acogidos al régimen simplificado están obligados a presentar autoliquidaciones trimestrales (ingresos a cuenta) en los meses de abril, julio, octubre y enero, mediante el modelo 303 y a presentar la declaración-resumen anual del modelo 390, cuando corresponda.

## NOTA

El régimen simplificado del IVA está coordinado con el método de estimación objetiva del IRPF, lo que significa que la determinación del rendimiento neto de las actividades acogidas al régimen del IVA se realiza bajo las instrucciones del método de IRPF.

- - - - - - - - - - - - - - - - - - - - - - - - - - - - - - - - - - - - -

El **esquema de liquidación** del régimen simplificado es:

**Esquema de liquidación del régimen simplificado**

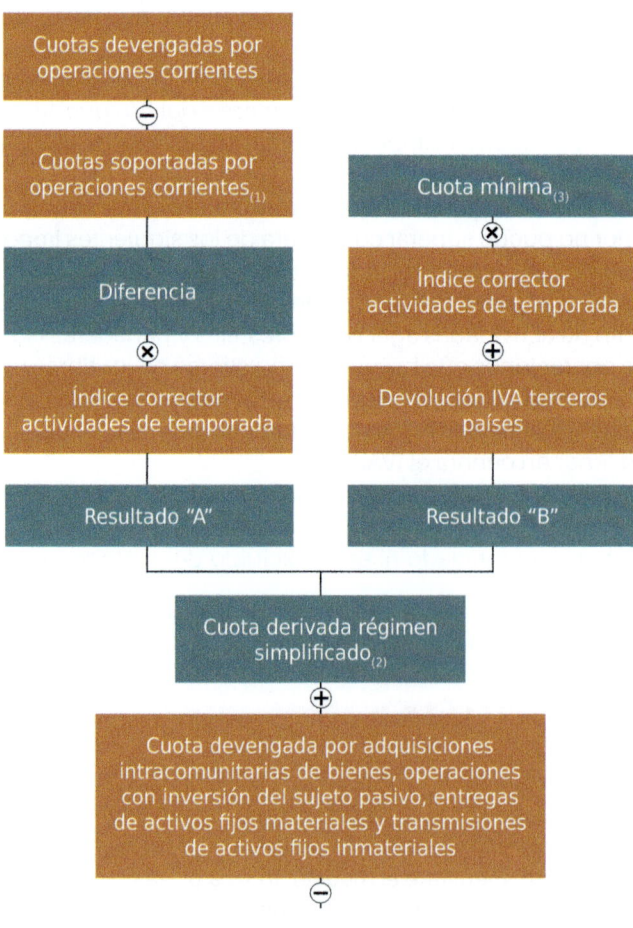

*Continúa en página siguiente >>*

*<< Viene de página anterior*

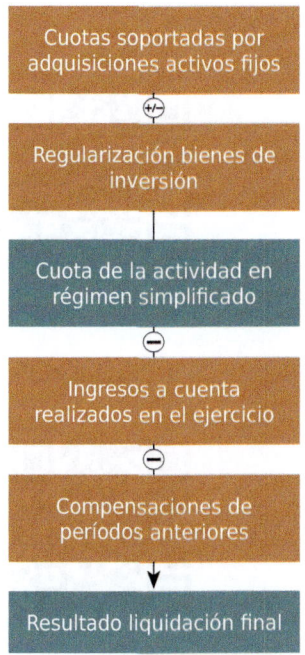

(1) Se incluyen las cuotas soportadas, las compensaciones satisfechas a los sujetos pasivos en el REAGP y el 1% de difícil justificación.
(2) Resultado de aplicar el porcentaje de la orden de módulos sobre la cuota devengada por operaciones corrientes.
(3) Se corresponde con el mayor importe entre el Resultado A y el Resultado B.

 **PARA SABER MÁS**

Las disposiciones normativas que regulan el régimen simplificado son las que están recogidas en los artículos 122 y 123 de la ley de IVA y en los artículos 34 a 42 de su reglamento de desarrollo. Accede desde aquí a las normas para comprobarlo:

*Continúa en página siguiente >>*

*<< Viene de página anterior*

Ley 37/1992, de 28 de diciembre

https://redirectoronline.com/adgd00240302

Real Decreto 1624/1992, de 29 de diciembre

https://redirectoronline.com/adgd00240303

## 4.2. Régimen especial del criterio de caja

Este **régimen voluntario** permite a los sujetos pasivos optar por retrasar el devengo y la consiguiente declaración e ingreso del IVA repercutido en la mayoría de sus operaciones comerciales hasta el cobro total o parcial a sus clientes, con la fecha límite del 31 de diciembre del año inmediato posterior. Para ello, los sujetos pasivos deben cumplir los siguientes **requisitos:**

**Volumen de operaciones**
Que el volumen de operaciones durante el año natural anterior no supere los 2.000.000 €.

**Cobros en efectivo**
No cobrar en efectivo de un mismo destinatario, durante el año natural, un importe superior a 100.000 €.

## NOTA

El volumen de operaciones se calcula restando al importe total el IVA y, si procede, el recargo de equivalencia y la compensación a tanto alzado, de las entregas de bienes y prestaciones de servicios del año natural anterior, de las entregas ocasionales de bienes inmuebles, las de bienes de inversión y las operaciones financieras.

---

Si el sujeto pasivo incumple alguno de los límites indicados, queda excluido del régimen al año inmediato posterior a aquel en que se produzca la causa y si en algún ejercicio posterior vuelve a cumplirlos, se aplicará de nuevo dicho régimen.

También quedan **excluidas del régimen** las siguientes operaciones realizadas en el TAI:

- Las acogidas a los regímenes especiales simplificado, de la agricultura, ganadería y pesca, del recargo de equivalencia, del oro de inversión, aplicable a los servicios prestados por vía electrónica y del grupo de entidades.
- Las entregas de bienes exentas (art. 21, 22, 23, 24 y 25 LIVA)
- Las adquisiciones intracomunitarias de bienes
- Los supuestos de inversión del sujeto pasivo
- Las importaciones y las operaciones asimiladas a las importaciones
- Los autoconsumos y las operaciones asimiladas a las prestaciones de servicios

## RECUERDA

TAI hace referencia al territorio de aplicación del impuesto.

---

En las operaciones a las que se aplique este régimen, la **repercusión** del impuesto se lleva a cabo cuando se emite y entrega la factura y se devenga en el momento del cobro total o parcial del importe. Si no se produce el cobro, el devengo será el 31 de diciembre del año inmediato posterior al de la operación gravada.

Respecto al derecho de las **deducciones,** los sujetos pasivos pueden practicarlas teniendo en cuenta las siguientes **particularidades:**

> El derecho nace cuando se produce el pago total o parcial del importe respectivo, o el 31 de diciembre del año siguiente, si se produce impago.

> El derecho se ejerce en la declaración-liquidación del período en el que nazca o en las declaraciones de los sucesivos períodos.

> El derecho a la deducción de las cuotas soportadas caduca a los cuatro años, contados desde su nacimiento.

 **CONSEJO**

A los sujetos pasivos no acogidos a este régimen especial y que sean destinatarios de las operaciones incluidas en el mismo, se les recomienda tener en cuenta la particularidad establecida en el apartado primero.

Si el sujeto pasivo opta por acogerse al régimen especial del criterio de caja lo debe solicitar cuando presente la **declaración de comienzo de la actividad** o en la declaración censal, modelo 036 durante el mes de diciembre anterior al inicio del año natural en el que deba surtir efecto. Las facturas de las operaciones acogidas a este régimen deben contener la mención "Régimen especial del criterio de caja".

La aplicación de este régimen conlleva una serie de **obligaciones registrales específicas,** tanto para los sujetos pasivos acogidos como para los destinatarios de operaciones afectadas por dicho régimen, en los libros de facturas expedidas como recibidas.

### 👁 EJEMPLO

El 15 de mayo de 20X0 la empresa Agrotex S. L. compra una partida de productos a su proveedor Piensos Álvarez, S. L. por importe de 121.000 € (IVA incluido).

Agrotex acuerda con su proveedor que la deuda se abonará de la siguiente forma: un primer pago por 60.500 € el 15 de noviembre de ese año y un segundo pago por igual importe el 15 de marzo de 20X2.

Como el proveedor, Piensos Álvarez, está acogido al régimen especial del criterio de caja de IVA, el derecho a la deducción del impuesto se va a producir el 15 de noviembre de 20X0 por importe de 10.500 € (1) y el 31 de diciembre de 20X1 por el mismo importe.

(1) Como en este caso el IVA está incluido en el importe total, para conocer lo que corresponde de cuota de IVA se realiza el siguiente cálculo: 60.500 / 1,21 = 50.000; 60.500 - 50.000 = 10.500 € o 50.000 x 0,21 = 10.500 €

## 5. Resumen

La Ley 37/1992 de 28 de diciembre sobre el Impuesto del Valor Añadido regula en su **título IX** los regímenes especiales de dicho impuesto aplicables, y que son:

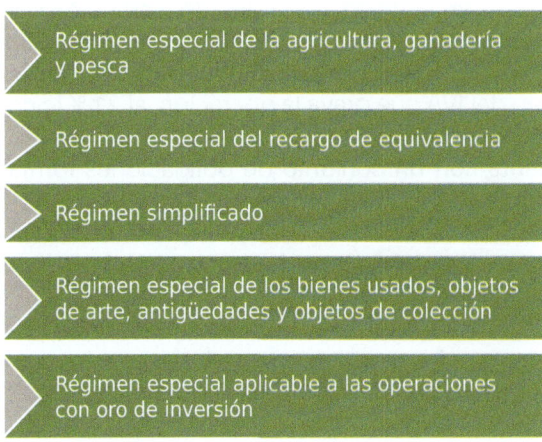

Régimen especial de la agricultura, ganadería y pesca

Régimen especial del recargo de equivalencia

Régimen simplificado

Régimen especial de los bienes usados, objetos de arte, antigüedades y objetos de colección

Régimen especial aplicable a las operaciones con oro de inversión

*Continúa en página siguiente >>*

*<< Viene de página anterior*

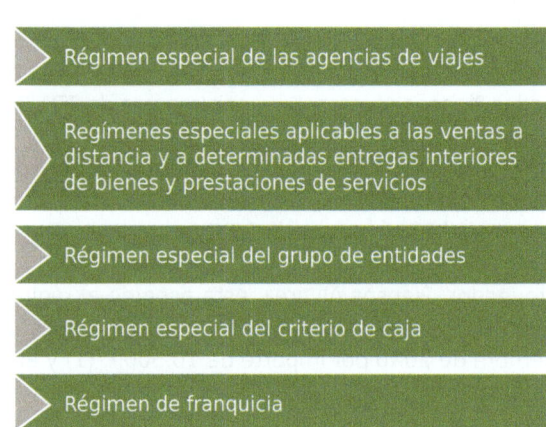

Régimen especial de las agencias de viajes

Regímenes especiales aplicables a las ventas a distancia y a determinadas entregas interiores de bienes y prestaciones de servicios

Régimen especial del grupo de entidades

Régimen especial del criterio de caja

Régimen de franquicia

En su mayoría tienen carácter **voluntario,** salvo el régimen especial aplicable a las operaciones con oro de inversión, el régimen especial de las agencias de viajes y el régimen especial del recargo de equivalencia, que son de aplicación obligatoria.

Las **principales características** de algunos de los regímenes especiales son:

➲ **Régimen especial del recargo de equivalencia**

◗ Es obligatorio para los comerciantes minoristas.
◗ Su ámbito de aplicación recae en determinadas entregas y adquisiciones de bienes.
◗ Se basa en la repercusión del IVA y su correspondiente recargo de equivalencia, de los proveedores a los comerciantes minoristas.
◗ El tipo del recargo de equivalencia está relacionado con el tipo impositivo del IVA que grava la operación: al 21 % le corresponde el 5,2 %; al 10 %, el 1,4 %; y al 4 %, el 0,50 %.
◗ Cuenta con un conjunto de obligaciones formales que se han de cumplir.

➲ **Régimen especial de la agricultura, ganadería y pesca (REAGP)**

◗ Se aplica a los titulares de las explotaciones de dichas actividades, así como a los servicios accesorios prestados por estos.
◗ La norma delimita una serie de operaciones en las que se puede y no se puede aplicar.
◗ Entre sus normas se pueden citar: no estar obligados a repercutir ni a liquidar el IVA por las ventas de los productos naturales, estar

obligados a satisfacer el IVA de las importaciones, adquisiciones intracomunitarias de bienes y supuestos de inversión del sujeto pasivo, tener derecho a percibir una compensación (12 % o 10,5 % según el tipo de explotación) por las ventas, al no poder deducir el IVA soportado en sus adquisiciones y ejercer la renuncia al régimen de forma expresa o tácita.

⊃ **Régimen simplificado**

- ◊ Se aplica a las actividades recogidas en la Orden Ministerial publicada de forma anual.
- ◊ Los empresarios o profesionales que las desarrollan deben cumplir una serie de requisitos para poder acogerse a este.
- ◊ Su esquema de liquidación da una idea de la complejidad de este régimen especial.

⊃ **Régimen especial del criterio de caja**

- ◊ Se pueden acoger los sujetos pasivos que cumplan requisitos sobre su volumen de operaciones y cobros en efectivo.
- ◊ Consiste en retrasar el devengo y la liquidación del IVA repercutido hasta el cobro total o parcial a sus clientes, con la fecha límite del 31 de diciembre del año inmediato posterior.
- ◊ Existen operaciones a las que no se puede aplicar.
- ◊ La repercusión y las deducciones de las cuotas de IVA se rigen por normas concretas.

# Ejercicios de autoevaluación
# Unidad de Aprendizaje 3

1. **¿A qué tipo de operaciones no se aplica el régimen especial del recargo de equivalencia?**

   a. Las adquisiciones intracomunitarias realizadas por comerciantes minoristas.
   b. Las importaciones de bienes.
   c. Las entregas realizadas por los sujetos pasivos del régimen especial de la agricultura, ganadería y pesca.
   d. Las entregas de bienes muebles realizadas por empresarios a comerciantes minoristas.

2. **¿Qué recargo de equivalencia se aplica al impuesto especial sobre las labores del tabaco?**

   a. 0,5 %
   b. 10 %
   c. 1,75 %
   d. 5,2 %

3. **Determina si la siguiente afirmación es verdadera o falsa: "El importe de la compensación del REAGP se considera el IVA soportado deducible para el adquirente de los productos".**

   ■ Verdadero
   ■ Falso

4. **¿Cuáles son los requisitos que deben cumplir los empresarios o profesionales acogidos al régimen simplificado?**

   Señala todas las opciones correctas.

   a. No realizar actividades que tributen por el método de estimación directa del IRPF.
   b. Ser persona física o entidad en régimen de atribución de rentas en el IRPF.
   c. Ser una sociedad mercantil.
   d. No haber superado su volumen de ingresos del año anterior la cantidad de 150.000 €, para el conjunto de sus actividades.

**5. ¿Cuándo se devenga el IVA si el sujeto pasivo está acogido al régimen especial del criterio de caja? Señala todas las opciones correctas.**

a. Con la emisión y entrega de la factura correspondiente a la operación.

b. En el momento del cobro total o parcial del importe respectivo.

c. A los dos años de la operación acogida al régimen.

d. El 31 de diciembre del año inmediato posterior al de la operación gravada, si no se ha producido el cobro de la operación.

# Clasificación de las operaciones exteriores

# Contenido

# Objetivos

El objetivo general de esta Unidad de Aprendizaje es:

→ Establecer las disposiciones legales del IVA que se aplican en el tratamiento de las operaciones exteriores.

Los objetivos específicos de esta Unidad de Aprendizaje son:

→ Describir las normas por las que se rige la tributación del IVA en las operaciones intracomunitarias.

→ Identificar qué tipo de operación se realiza en un supuesto dado, según la ley de IVA.

→ Interpretar la legislación de IVA aplicable a las operaciones de importación y exportación de bienes, para su correcta tributación.

→ Calcular la cuota de IVA en una operación de importación.

# 1. Introducción

Con la creación del mercado interior en los países de la Unión Europea se abolieron las fronteras fiscales y aduaneras, pasando a reservarse la denominación de importación y exportación para las relaciones comerciales con terceros países. Las relaciones comerciales dentro de la comunidad pasan a conocerse como operaciones intracomunitarias, dentro de las cuales se incluyen las adquisiciones intracomunitarias de bienes (AIB) y las entregas intracomunitarias.

Para conocer el tratamiento del IVA en las operaciones exteriores, Pablo nos muestra las situaciones que le han surgido en su empresa relacionadas con la tributación de este tipo de operaciones.

# 2. Operaciones intracomunitarias

 **HILO CONDUCTOR**

La dirección de la empresa ha comunicado que en breve va a comenzar su andadura por la Unión Europea. Varias empresas alemanas y francesas se han interesado por los productos que comercializa, de ahí la decisión adoptada. Pablo tiene que conocer las particularidades que presentan las operaciones intracomunitarias respecto a la tributación del IVA.

En el tratamiento del IVA en las operaciones intracomunitarias se distingue entre las **adquisiciones intracomunitarias de bienes y las entregas intracomunitarias de bienes,** así como las operaciones asimiladas a estas. Las adquisiciones y las entregas intracomunitarias de bienes se corresponden con las compras y ventas entre Estados miembros de la CE. En concreto:

⊃ **Adquisiciones intracomunitarias de bienes (AIB)**

⋃ Son las entradas de bienes, en la Península e Islas Baleares, procedentes de otro Estado miembro (Em) de la CE. Se pueden distinguir dos tipos de operaciones: las adquisiciones realizadas por empresarios y las adquisiciones de medios de transporte nuevos llevadas a cabo por particulares y empresarios que no tienen NIF-IVA en la Península e Islas Baleares.

◑ También se consideran como tales, las adquisiciones realizadas en base a acuerdos de ventas de bienes en consigna (art. 9 bis.Dos de la LIVA).

### ➲ Entregas intracomunitarias de bienes

◑ Son las entregas de bienes transportados desde la Península o las Islas Baleares hasta un Em de la CE, por el empresario vendedor, el adquirente o un representante, siempre que el comprador sea un empresario, profesional o persona jurídica no empresaria que se considera como tal a efectos de IVA en otro Em.

◑ También se consideran como tales, las entregas de medios de transporte nuevos a otro Em, con independencia del vendedor y comprador (incluidos particulares) y la de bienes propiedad del empresario para su actividad en otro Em.

◑ Se les aplica un régimen específico de exención en el país de origen, tributando en el Em de destino.

 **NOTA**

Dentro de las operaciones intracomunitarias se incluyen también las ventas a distancia intracomunitarias de bienes reguladas en el art. 8.Tres.1º de la LIVA.

A continuación, se desarrollan las adquisiciones intracomunitarias de bienes por la importancia de la tributación del impuesto.

Las adquisiciones intracomunitarias de bienes pueden estar **sujetas o no sujetas a IVA y exentas de tributación** por este impuesto, en base a las normas reguladas en los arts. 13, 14 y 26 de la LIVA:

➲ **Sujetas.** Están sujetas las AIB realizadas por empresarios y profesionales que cumplan estos requisitos:

◑ Debe obtenerse el poder de disposición sobre bienes muebles corporales, lo que excluye las prestaciones de servicios y las operaciones inmobiliarias.

◑ El transporte ha de iniciarse en un Estado miembro de la UE, cuyo destino debe ser la Península o Baleares, con independencia de quién realice el transporte.

◑ La operación debe ser a título oneroso.

- ◔ El destinatario ha de estar identificado con NIF/IVA comunitario.
- ◔ El vendedor debe ser empresario o profesional y el comprador, además de estas figuras, también puede ser persona jurídica que no tenga tal condición.

También están sujetas al IVA, las adquisiciones intracomunitarias de medios de transporte nuevos realizadas por particulares, por personas jurídicas que no son empresarios o profesionales, por empresarios acogidos al REAGP o por empresarios que solo realizan operaciones exentas de IVA que no dan derecho a deducción.

- ⮕ **No sujetas.** Las AIB que no están sujetas a IVA son:

  - ◔ En las que los empresarios o profesionales transmitentes están acogidos al régimen de franquicia del impuesto en el Estado miembro desde el que se inicia el transporte.
  - ◔ En las que la entrega en el Estado miembro de origen tribute por el régimen especial de bienes usados, objetos de arte, antigüedades y objetos de colección en el Estado miembro de inicio del transporte.
  - ◔ Las que se correspondan con: las entregas de bienes que hayan de ser objeto de instalación o montaje, las ventas a distancia (art. 68.Tres.a) de la LIVA), las entregas de bienes objeto de impuestos especiales (art.68.Cinco de la LIVA) y las entregas de gas, electricidad, calor o frío, realizadas en el TAI.
  - ◔ Las entregas exentas en el Estado miembro de origen por ser operaciones asimiladas a exportaciones de determinados artículos.

- ⮕ **Exentas.** Las AIB que están exentas de IVA son:

  - ◔ Aquellas cuyas entregas realizadas en el TAI hubieran estado no sujetas o exentas y aquellas cuya importación hubiera estado exenta.
  - ◔ Las adquisiciones de operaciones triangulares (art. 26.Tres de la LIVA).
  - ◔ Aquellas por las que se le asignan al adquirente el derecho a la devolución total del impuesto que se hubiese devengado por las mismas, según los arts. 119 y 119 bis de la LIVA.

 **IMPORTANTE**

Tampoco están sujetas a IVA, las AIB (excepto la de medios de transporte nuevos) realizadas por sujetos pasivos acogidos al REAGP, por aquellos que realicen solo operaciones que no dan lugar al derecho de deducción del impuesto y por las

*Continúa en página siguiente >>*

*<< Viene de página anterior*

personas jurídicas no empresarias o profesionales, cuando el importe total de las adquisiciones de bienes procedentes del resto de Estados miembros no sea superior a 10.000 € en el año anterior.

- - - - - - - - - - - - - - - - - - - - - - - - - - - - - - - - - - - -

Los **elementos que configuran el hecho imponible** del IVA en las AIB se rigen por las siguientes reglas:

- ⮕ **Lugar de realización.** Como regla general, las adquisiciones intracomunitarias de bienes se entienden realizadas en el TAI si el lugar de llegada del transporte de los bienes para el adquirente está situado en dicho territorio.
  Como regla particular, cuando el adquirente haya comunicado al vendedor el NIF-IVA de un Estado miembro distinto de aquel en el que han llegado los bienes, las adquisiciones se consideran realizadas en el primer Estado, en la medida en que no haya sido gravada en el segundo (art. 71 de la LIVA).
- ⮕ **Base imponible.** La base imponible se calcula de igual forma que las entregas de bienes y prestaciones de servicios de las operaciones interiores, teniendo en cuenta que: en las operaciones asimiladas, se determina según las reglas del autoconsumo de bienes (art. 79.Tres de la LIVA); cuando el adquirente obtenga la devolución de los impuestos especiales en el Estado miembro de origen, se regularizará la base imponible reduciéndola en el importe de estos; si el transporte de la AIB finaliza en un Estado miembro distinto de España y su adquirente ha comunicado al proveedor un NIF-IVA español, la base imponible será la de la AIB no gravada en destino.
- ⮕ **Sujeto pasivo.** El sujeto pasivo de las AIB (art. 85 de la LIVA) es quien las realice. En consecuencia, el sujeto pasivo es el destinatario de los bienes que realmente hayan llegado al TAI español, o la persona que tenga NIF/IVA comunitario (su validez se puede consultar en la base de datos VIES de la AEAT). El sujeto pasivo debe autorrepercutirse el impuesto y deducirlo simultáneamente, siempre que se cumplan los requisitos establecidos.
- ⮕ **Devengo.** En las AIB, el IVA se devenga en el momento en que se efectúen las entregas de bienes conforme a las normas establecidas para las entregas de bienes en operaciones interiores. Sin embargo, en las adquisiciones intracomunitarias no se pueden aplicar las reglas de devengo establecidas para las operaciones que incluyan pagos anticipados antes de las adquisiciones (art. 76 de la LIVA).

 **EJEMPLO**

a. Una empresa española dedicada a la venta de electrodomésticos, cuya sede principal está localizada en Cáceres, dispone de una sucursal en Francia. Adquiere una partida de aires acondicionados en Alemania, trasladando dichas mercancías a la sucursal de Francia y comunicando al proveedor alemán el NIF-IVA francés.

La adquisición de esta empresa no se entiende realizada en el TAI ni está sujeta al IVA español, ya que el material no se recibe en España y el NIF-IVA comunicado es francés. Si la empresa hubiera comunicado al proveedor alemán el NIF-IVA español, aunque el material hubiera llegado a Francia, dicha operación sí hubiera tributado en España.

b. Un hospital español adquiere de uno portugués 100 litros de sangre con fines médicos. Si dicha operación se hubiera realizado entre dos hospitales españoles, la transmisión estaría no sujeta al IVA. Por ello, dicha AIB también estará exenta por equiparación a la operación interior.

La **liquidación de IVA** de las adquisiciones intracomunitarias de bienes, por parte de los sujetos pasivos, se realiza de forma integrada en las autoliquidaciones periódicas que se presentan por el resto de operaciones, a través del modelo 303 o 322. En la liquidación se distingue entre:

**AIB realizadas por particulares**
Las entregas tributan según las normas del país de origen.

**AIB realizadas por empresarios o profesionales (sujetos pasivos de IVA)**
Las entregas tributan según las normas del país de destino.

 **PARA SABER MÁS**

Las normas de IVA que regulan el tratamiento de las adquisiciones intracomunitarias de bienes no están centralizadas en un capítulo concreto, sino que se

*Continúa en página siguiente >>*

*<< Viene de página anterior*

encuentran dispersas en la ley. Accede al Capítulo II de los Títulos II al VI de la Ley 37/1992, de 28 de diciembre, para consultarlas desde aquí:

https://redirectoronline.com/adgd00240401

---

 **APLICACIÓN PRÁCTICA**

**Una empresa española, que realizó un pedido de mercancías a una empresaria italiana a principios de enero, recibe los productos en su delegación de Portugalete dos meses después. El retraso se ha debido a la huelga de los transportistas italianos que le impedían a la empresa enviar sus productos a los clientes. Desde el punto de vista del IVA, ¿de qué tipo de operación se trata?**

- **Entrega intracomunitaria de bienes**
- **Importación**
- **Adquisición intracomunitaria de bienes**
- **Exportación**

**Solución**

Se trata de una adquisición intracomunitaria de bienes porque se ha realizado una compra, se produce un transporte desde un Estado miembro de la CE al TAI español y tanto el adquirente como el transmitente son empresarios. Esta operación, por ello, está sujeta al IVA español. No es una entrega intracomunitaria de bienes ni una exportación, ya que no es una venta, sino una compra, y tampoco es una importación, al ser una operación entre países miembros de la CE y no entre países fuera de la Comunidad.

---

## 3. Importación y exportación

 **HILO CONDUCTOR**

El Departamento de Compras le comunica a Pablo que la empresa ha mantenido negociaciones con una entidad americana, dando como resultado la formalización de un pedido de mercancías. Pablo nunca ha tratado la tributación de las importaciones, es por ello que recopila información para gestionarlas adecuadamente, averiguando que la ley de IVA contempla una exención a las importaciones de productos de la pesca, que tendrá que analizar.

El tráfico de mercancías que se produce entre España y países no comunitarios da lugar a importaciones, cuando se trata de operaciones de compra, o a exportaciones, cuando se trata de operaciones de venta. El art. 18 de la LIVA considera que tienen la consideración de **importación de bienes:**

> La entrada en el país de bienes que incumplan las normas de libre circulación de mercancías de los arts. 23 y 24 del Tratado constitutivo de la Comunidad Europea.

> La entrada en el país de bienes a los que se aplica el Tratado constitutivo de la Comunidad Europea del Carbón y del Acero, que no esté en libre práctica.

> La entrada en el país de bienes, distintos de los indicados en los apartados anteriores, que proceden de terceros países.

**IMPORTANTE**

Si los bienes que entran en el TAI español se sitúan en zonas francas o depósitos francos, o se asocian a un régimen aduanero y fiscal (salvo el régimen de depósito distinto del aduanero), la importación se produce cuando abandonen estas áreas o el régimen indicado. Sin embargo, estas situaciones no constituyen

*Continúa en página siguiente >>*

*<< Viene de página anterior*

una importación si suponen una entrega de bienes a la que resulte aplicable las exenciones de las exportaciones de bienes, de las operaciones asimiladas a las exportaciones o de las entregas intracomunitarias de bienes.

La **importación de bienes está sujeta al impuesto,** independientemente del fin al que se destine y de la consideración del importador. Los **elementos** que configuran su hecho imponible son:

- **Devengo.** El devengo del IVA en las importaciones, con carácter general, se produce cuando se devengan los derechos de importación conforme a las normas aduaneras, con independencia de que las importaciones estén o no sujetas a estos derechos. Como regla especial, cuando se produzca el abandono del régimen de depósito distinto del aduanero, el impuesto se devenga en ese momento.
- **Sujeto pasivo.** Son sujetos pasivos quienes realicen las importaciones, siendo el importador en cada caso:
    - Los destinatarios de los bienes importados (adquirente, cesionario, propietario o consignatario).
    - Los viajeros, en el caso de los bienes que conduzcan al entrar en el TAI.
    - Los propietarios de los bienes, en supuestos distintos a los indicados anteriormente.
    - Los adquirentes, propietarios o arrendatarios de bienes en las operaciones asimiladas.
- **Base imponible.** La base imponible en las importaciones, con carácter general, se calcula sumando al valor de aduana (valor de transacción de las mercancías a importar) los siguientes conceptos si no están incluidos en dicho valor:
    - Los impuestos, derechos, exacciones y resto de gravámenes devengados fuera del TAI, además de los devengados por la propia importación (salvo el IVA).
    - Las comisiones, los gastos de embalaje, transporte y seguro ocasionados hasta el primer lugar de destino de los bienes en el interior de la UE.
- **Exenciones.** Las importaciones de bienes que se consideran exentas están recogidas en los arts. 27 al 67 de la LIVA y, entre ellas, están las de los bienes cuya entrega en el interior está exenta del impuesto; las de

los bienes personales por razón de herencia, matrimonio o traslado de residencia habitual; las de los bienes en régimen de viajeros; las de los bienes con fines de promoción comercial; las de productos de la pesca; las de carburantes y lubricantes; etc.

Además, están exentas las importaciones de bienes si el IVA se debe declarar por el régimen especial aplicable a las ventas a distancia y a determinadas entregas interiores de bienes y prestaciones de servicios, y si se facilita en la aduana el NIF asignado para su aplicación.

 **EJEMPLO**

Una empresa valenciana importa de México productos manufacturados en dicho país, para ser vendidos con posterioridad a clientes españoles. Autoriza a un consignatario a efectuar la importación en su propio nombre, figurando este como destinatario de la mercancía.

El sujeto pasivo es el consignatario, responsable del abono del importe resultante de la liquidación, quien es, además, el que deducirá en sus declaraciones tributarias el IVA pagado de la importación. Con posterioridad, dicho consignatario venderá a la empresa valenciana dichos productos mediante una entrega interior.

Las importaciones sujetas a IVA **se liquidan coincidiendo con la liquidación de los derechos arancelarios.** Los sujetos pasivos que realicen operaciones de importación deben presentar ante la aduana la correspondiente declaración tributaria mediante el **Documento Único Administrativo (DUA)** siguiendo las instrucciones de la Resolución de 11 de julio de 2014, del Departamento de Aduanas e Impuestos Especiales, y conforme a los plazos y forma establecidos por el reglamento aduanero.

El proceso de liquidación básico es:

La aduana conforme a los datos del DUA liquida las cuotas de IVA en el modelo 031

El importador se deduce en la autoliquidación periódica del impuesto (modelo 303 o 322) el IVA soportado en la importación

## ◎ EJEMPLO

La empresa CONSUR, S. L., establecida en Cádiz, importa unos materiales procedentes de Japón por la aduana de Madrid. El precio de la mercancía es de 12.000 €. El transporte desde Japón hasta Madrid por avión ha costado 2.700 €. Los derechos arancelarios se fijan en un 2 %. El porte y los gastos de carga y descarga hasta el almacén en la aduana han supuesto 180 €. Los honorarios del agente de aduanas ascienden a 130 € y los gastos de desembalaje y transporte hacia el domicilio del adquiriente son de 780 €. El tipo impositivo del IVA que le corresponden a los productos es el general.

Para determinar la cuota de IVA que le corresponde a esta operación sujeta al impuesto, se realizan los siguientes cálculos:

- Valor de la mercancía en la aduana=Valor mercancía + Transporte=12.000,00 + 2.700,00=14.700,00 €
- Base imponible = Valor aduana + Derechos arancelarios + Porte y descarga = 14.700,00 + (14.700,00 x 2 %) + 180,00 = 15.174,00 €
- Cuota de IVA = 15.174,00 x 21 % = 3.186,54 €

Los honorarios del agente de aduanas y el transporte hasta el domicilio del adquiriente no forman parte de la base imponible del IVA a la importación, por entenderse prestados después de la importación de la mercancía.

---

## TAREA 4

Una empresa gallega adquiere una partida de productos por importe de 9.500,21 € a una empresa india, que serán recibidos en la aduana de Barcelona. El gasto de transporte desde India hasta Barcelona por avión ha sido de 825,30 €, los derechos arancelarios están fijados en un 3,5 % y los gastos de transporte y carga y descarga hasta el almacén en la aduana han supuesto 93 €. Calcula la cuota de IVA de esta importación sujeta sabiendo que el tipo impositivo aplicable es el general.

---

Las **exportaciones** son entregas de bienes transportados a países no comunitarios por el transmitente, el adquirente no establecido en la Península o Islas Baleares, o un tercero representante de estos. Estas operaciones **están exentas de IVA,** aunque existe el derecho a deducir las cuotas de

IVA soportadas en las adquisiciones de bienes y servicios de la actividad. Concretamente, están exentas las siguientes operaciones:

> Las prestaciones de servicios consistentes en trabajos realizados en el TAI sobre bienes muebles adquiridos o importados, para, posteriormente, ser transportados fuera de la comunidad.

> Las entregas de bienes a organismos para exportarlos a tenor de sus actividades humanitarias, caritativas o educativas.

> Las prestaciones de servicios (incluido transporte y operaciones accesorias) que sean distintas de las que están exentas en operaciones interiores y que tengan relación directa con las exportaciones.

> Las prestaciones de servicios realizadas por intermediarios que intervengan en las operaciones exentas de las exportaciones.

> Las entregas de bienes transportados fuera de la comunidad por el exportador, que sea distinto del transmitente, adquirente o tercero que actúe en representación de este.

**NOTA**

La exención del IVA en las operaciones de exportación también se aplica a determinadas operaciones asimiladas a estas, especificadas en el art. 22 de la LIVA.

## 4. Resumen

Las operaciones intracomunitarias, según las normas de IVA, incluyen tanto las adquisiciones como las entregas intracomunitarias de bienes. Las **adquisiciones intracomunitarias de bienes (AIB)** son la entrada de bienes en la Península e Islas Baleares desde otro Estado miembro de la CE. La LIVA especifica los supuestos de sujeción, no sujeción y exención de estas operaciones al IVA. Su liquidación se realiza integrada en las autoliquidaciones periódicas realizadas por el resto de operaciones, teniendo en cuenta las normas sobre quiénes las realizan. Los elementos del hecho imponible del IVA cuentan con las siguientes reglas:

**Lugar de realización**
Las AIB se entienden realizadas en el territorio de aplicación del impuesto cuando el destino de los bienes transportados para el adquirente está situado en ese territorio. El art. 71 de la LIVA regula una regla particular.

**Base imponible**
Con caracter general, se calcula de igual forma que las entregas de bienes y prestaciones de servicios de las operaciones interiores, teniendo en cuenta las particularidades establecidas en la LIVA.

**Sujeto pasivo**
Se corresponde con el destinatario de los bienes que realmente hayan llegado al TAI español. El sujeto debe autorrepercutirse el impuesto y deducirlo simultáneamente, siempre que se cumplan los requisitos establecidos.

**Devengo**
El impuesto se devenga en el momento en que se efectúen las entregas de bienes según las normas para las operaciones interiores. Las reglas establecidas para las operaciones con pagos anticipados no se pueden aplicar a las AIB.

Las **entregas intracomunitarias de bienes** se corresponde con las entregas de bienes transportados desde la Península o Islas Baleares hasta un Estado miembro de la CE. A estas operaciones se les aplica un régimen específico de exención en el país de origen, tributando en el Estado miembro de destino.

Las **importaciones** son aquellas operaciones que producen la entrada en el país de los bienes especificados en el art. 18 de la LIVA. La importación está sujeta al impuesto, con independencia de su finalidad y del importador. Se liquida coincidiendo con la liquidación de los derechos arancelarios que se realiza mediante el Documento Único Administrativo (DUA) y conforme a las normas del reglamento aduanero. La aduana, según el DUA, liquida el IVA en el modelo 031 y, posteriormente, el importador deduce el IVA soportado, en el modelo 303 o 322. Las normas que rigen los elementos del hecho imponible del impuesto en estas operaciones son:

| | |
|---|---|
| **Devengo** | Se produce cuando se devengan los derechos de importación según las normas aduaneras, sin tener en cuenta que las importaciones estén o no sujetas a estos derechos. |
| **Sujeto pasivo** | Se corresponde con quienes realicen las importaciones, teniendo en cuenta el importador en cada caso. |
| **Base imponible** | Se calcula sumando al valor de aduana, los impuestos, derechos, exacciones y resto de gravámenes devengados fuera del TAI, los propios de la importación y las comisiones, gastos de embalaje, transporte y seguro. |
| **Exenciones** | Se regulan en los arts. 27 al 67 de la LIVA y entre ellas están las importaciones de bienes cuya entrega en el interior está exenta del impuesto, las de los bienes personales por razón de herencia, matrimonio o traslado de residencia habitual, las de los bienes en régimen de viajeros, etc. |

Las **exportaciones** son las entregas de bienes transportados a países no comunitarios por el transmitente, por el adquirente no establecido en la Península o Islas Baleares, o por un tercero representante de estos. Estas operaciones están exentas de IVA, pero se pueden deducir las cuotas de IVA soportadas en las adquisiciones de bienes y servicios afectos a la actividad.

# Ejercicios de autoevaluación
# Unidad de Aprendizaje 4

1. Indica si la siguiente afirmación es verdadera o falsa: "Se consideran entregas intracomunitarias de bienes, las entradas de bienes en la Península e Islas Baleares procedentes de otro Estado miembro de la CE".

    ■ Verdadero
    ■ Falso

2. ¿Cuál de estas adquisiciones intracomunitarias de bienes está sujeta al IVA?

    a. Las adquisiciones en las que los empresarios o profesionales transmitentes están acogidos al régimen de franquicia del impuesto en el Estado miembro desde el que se inicia el transporte.
    b. Las entregas exentas en el Estado miembro de origen por ser operaciones asimiladas a exportaciones.
    c. Las adquisiciones en las que la entrega en el Estado miembro de origen tribute por el régimen especial de bienes usados, objetos de arte, antigüedades y objetos de colección en el Estado miembro de inicio del transporte.
    d. Las adquisiciones de medios de transporte nuevos realizadas por empresarios acogidos al régimen especial de la agricultura, ganadería y pesca.

3. Indica si la siguiente afirmación es verdadera o falsa: "Para liquidar las adquisiciones intracomunitarias de bienes realizadas por particulares, las entregas tributan por las normas del país de origen".

    ■ Verdadero
    ■ Falso

4. En la base imponible de las importaciones, ¿qué conceptos se suman al valor de aduana?

    a. Los impuestos devengados en el territorio de aplicación del IVA.
    b. Los derechos devengados por la propia importación, excepto el IVA.

   c. Las comisiones generadas hasta el destino final de los bienes.

   d. Los gastos de transporte ocasionados hasta el primer lugar de destino de los bienes.

**5. Indica si la siguiente afirmación es verdadera o falsa: "Las exportaciones están exentas de IVA".**

- ■ Verdadero
- ■ Falso

# Glosario

**Autoliquidación**
Declaración por la que el obligado tributario liquida un impuesto.

**Bien de inversión**
Según el IVA, "se considerarán de inversión los bienes corporales, muebles, semovientes o inmuebles que, por su naturaleza y función, estén normalmente destinados a ser utilizados por un periodo de tiempo superior a un año como instrumentos de trabajo o medios de explotación".

**Consignatario**
Según la RAE, "persona para quien va destinado un buque, un cargamento o una partida de mercaderías".

**Depósito franco**
Según la RAE, "lugar acotado en un puerto, aeropuerto o en otro lugar bajo la inspección de los servicios de aduanas, en el que pueden almacenarse mercancías, sin el previo pago de derechos arancelarios ni de impuestos sobre el consumo, en espera de su reexportación o hasta el momento de su despacho a consumo".

**Devengo**
Según la ley General Tributaria, "el momento en el que se entiende realizado el hecho imponible, y en el que se produce el nacimiento de la obligación tributaria principal".

**Entrega de bienes**
Según la ley de IVA, "la transmisión del poder de disposición sobre bienes corporales, incluso si se efectúa mediante cesión de títulos representativos de dichos bienes".

**Exacción**
Acción de exigir el pago de impuestos.

### Exención
Ventaja fiscal por la cual es exonerado el contribuyente del pago total o parcial de un tributo.

### Operación triangular
Aquellas en las que intervienen un proveedor, un adquirente y un intermediario, produciéndose una serie de sucesivas entregas entre operadores comunitarios, con un único transporte de los bienes.

### Prescripción
Extinción de una obligación por el paso de un determinado tiempo.

### Prestación de servicios
"A los efectos del Impuesto sobre el Valor Añadido, se entenderá por prestación de servicios toda operación sujeta al citado tributo que, de acuerdo con esta Ley, no tenga la consideración de entrega, adquisición intracomunitaria o importación de bienes".

### Régimen de atribución de renta
Régimen del IRPF al que están acogidas determinadas entidades, tales como sociedades civiles, comunidades de bienes, etc.

### Régimen de estimación directa
En el IRPF, es el método general de cálculo de los rendimientos netos de las actividades económicas.

### Régimen estimación objetiva
En el IRPF, es el método de determinación de los rendimientos de las actividades desarrolladas por las pymes y ciertas actividades profesionales accesorias.

### Zona franca
Territorio delimitado de un país que tiene beneficios tributarios.

# Bibliografía

## Textos electrónicos, bases de datos y programas informáticos

→ Agencia Tributaria (AEAT), de: <https://sede.agenciatributaria.gob.es/>.

    Página web de la Sede electrónica de la Agencia Tributaria Española a través de la cual se gestionan los distintos impuestos y se facilita herramientas e información relevantes.

## Legislación y normativa

→ Ley 37/1992, de 28 de diciembre, del Impuesto sobre el Valor Añadido.

→ Real Decreto 1624/1992, de 29 de diciembre, por el que se aprueba el Reglamento del Impuesto sobre el Valor Añadido y se modifica el Real Decreto 1041/1990, de 27 de julio, por el que se regulan las declaraciones censales que han de presentar a efectos fiscales los empresarios, los profesionales y otros obligados tributarios; el Real Decreto 338/1990, de 9 de marzo, por el que se regula la composición y la forma de utilización del número de identificación fiscal, el Real Decreto 2402/1985, de 18 de diciembre, por el que se regula el deber de expedir y entregar factura que incumbe a los empresarios y profesionales, y el Real Decreto 1326/1987, de 11 de septiembre, por el que se establece el procedimiento de aplicación de las Directivas de la Comunidad Económica Europea sobre intercambio de información tributaria.